JN231504

この選択が未来をつくる

最速で最高の結果が出る
「優先順位」の見つけ方

池田貴将

きずな出版

Introduction

あなたは、一切の制限がないとしたら、どんな未来を望む?

そのためには、
24時間後、どういう結果に
なっていたらいい？

そのためには、
いま真っ先に、
何に取り組んだらいい？

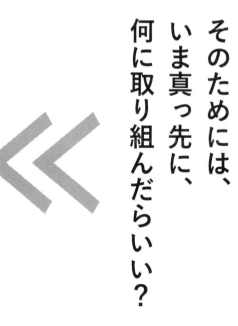

人生は「優先順位」と、
その「選択の質」で決まる。

あなたの未来を劇変させる
スキルと思考を、
いまここで手に入れよう――。

はじめに――

「重要に見えるもの」を選択することで、人生を〝つまらないもの〟にしている現実

あなたは日々の生活に満足感を得ていますか？

あなたはこれまでに、多くの目標を叶えてきたでしょうか？

そして、現在あなたは、「叶えたい夢のために、これを優先する」と明確に意識し、生きていますか？


この世のなかは、不平等だと感じるくらいに、「結果が出る人」と「結果が出ない人」に分かれています。何が両者を分ける要素なのでしょう。

ずばり、その差は、能力の差ではありません。

「選択の質」の違いだけなのです。


ものごとには「重要なもの」と「重要に見えるもの」の2つがあります。

そして、私たちには、「重要なもの」ではなく「重要に見えるもの」を選択しやすいというクセがあります。取り組むとやったような気になり、それなりの達成感もある。

しかし、選び続けた結果は何も変わらない……。

この本は、〝本当に優先させるべきことを見つけ、それに向かって行動し、人生を最速で変える方法〟をまとめたものです。

≫「重要なもの」と「重要に見えるもの」を区別する

選択の優先順位を変えれば、100%人生は変わります。

あなたが、

▼健康面を、もっとよくしたい
▼人間関係を、もっとよくしたい
▼時間の使い方を、もっと上手になりたい
▼仕事でのステージを、もっと上げたい
▼収入を、もっと増やしたい
▼社会貢献を、もっとしたい

どれか1つでもあてはまるのであれば、この本はあなたにとって非常に有用なものになるでしょう。

人が変わらないのは、〝重要なものと、どうでもいいものの区別がつかないから〟ではありません。多くの人が、「重要なもの」と「どうでもいいもの」の区別はつくのです。ポイントは、「重要なもの」と「重要に見えるもの」の区別です。

次ページの図のAの「現在の延長線上にあるもの」が「重要に見えるもの」です。「現在の自分をつくったもの」と言ってもいいでしょう。

「重要なもの」はBです。つまり、「未来の自分をつくるもの」です。

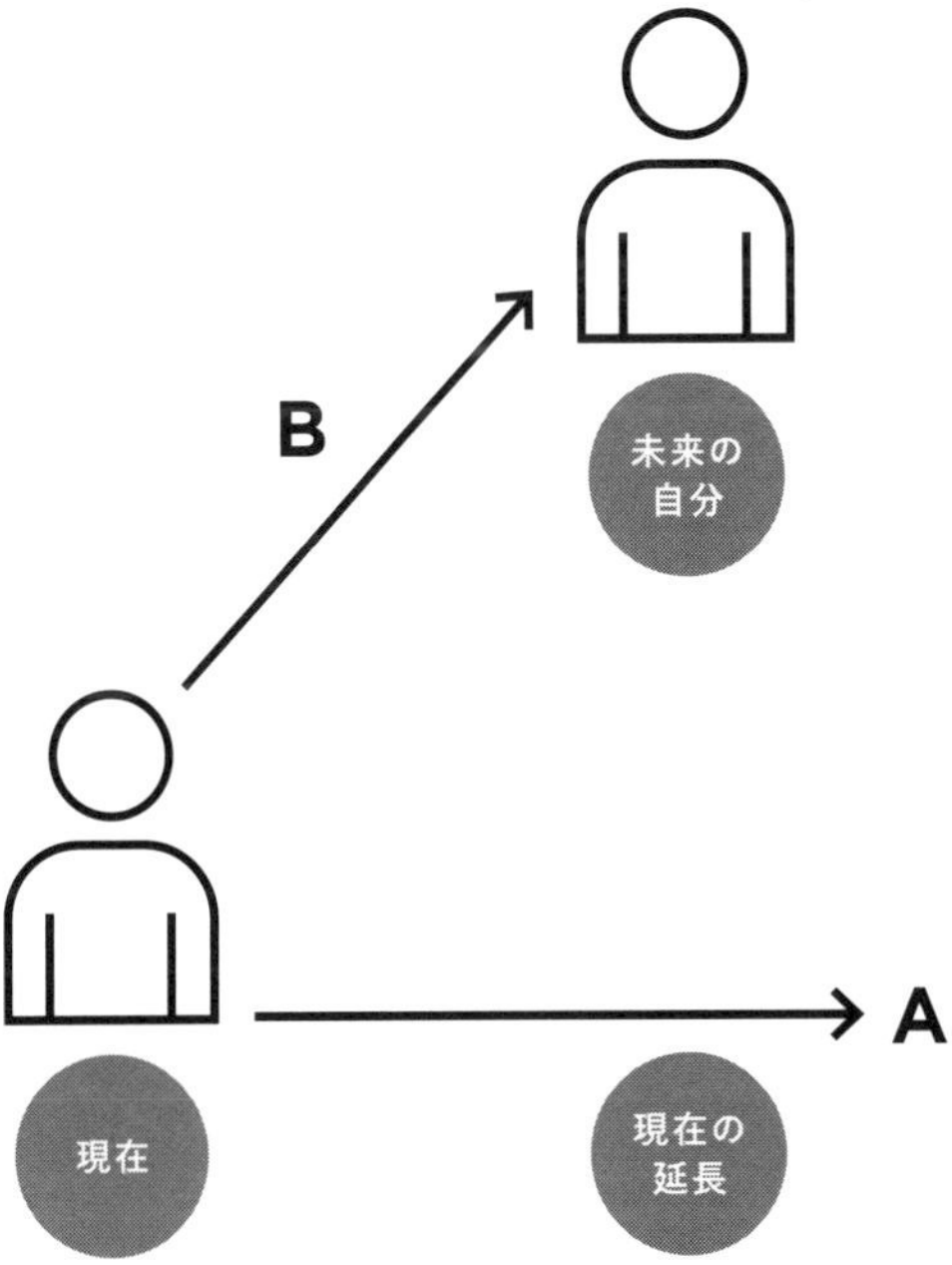

≫現在の延長から、脱出せよ!

≫成功者は「選択」が違う

成功者が成功者たる要因は、「私たちとは違うものを選んでいる」だけです。

「難しいものを選んでいるのではなくて、選ぶものが違う」

ということです。

私たちは、普通に選択をすると、「重要に見えるもの」を選んでしまいます。

優れた成果を出す人は、自然と、「本当に重要なもの」を選んでいるのです。

その結果、優れた成果を出す人たちは、さらなる優れた成果を出し、その他大勢と差が開いていくのです。

私たちの日常には「重要に見えるもの」が溢れています。

「日常」に追われて何も変わらない。そう感じている人も多いことでしょう。

成功する人は、「忙しさの中身」が違います。「未来をつくること」で忙しくならないと、人生は変わらないのです。

何があなたの未来をつくるのか?
何を選択し、どう行動するべきなのか?
目の前のその選択が、あなたの世界をつくります。
優先順位を変えて、いまここから、人生を変えていきましょう。

池田貴将

Contents

第2章≫ 結果が出ないのは、モチベーションや能力の問題ではない

Result

第3章 ≫ 目標や夢は、どうすれば叶うのか？

Target

第4章 ≫ 間違えた優先順位のリスクを顕在化する

Risk

第5章≫優先順位を見極めるコツ

Priority

Know oneself

終章 ≫ 「いつか」は永遠に訪れない

ブックデザイン　ISSHIKI

第1章 ≫ Create

「選択」が未来を「創造」する

"Choice" performs "creation" of the future.

Create

人生を形成する「3つの優先順位」

いまのあなたの人生は、過去の選択の「結果」の集大成です。

ビジネスでも、家庭でも、手に入れているものは、優先させているものです。

いま手に入れている結果は、あなたが優先させてきたもの、手に入れられていない結果は、あなたが優先させてこなかったものです。

求めているのに、手に入らないのは、「求める気持ちが弱い」というわけではなく、「もっと優先させている別のものがある」というだけなのです。

つまり、優先させるものを変えれば、結果は、自然と変わります。

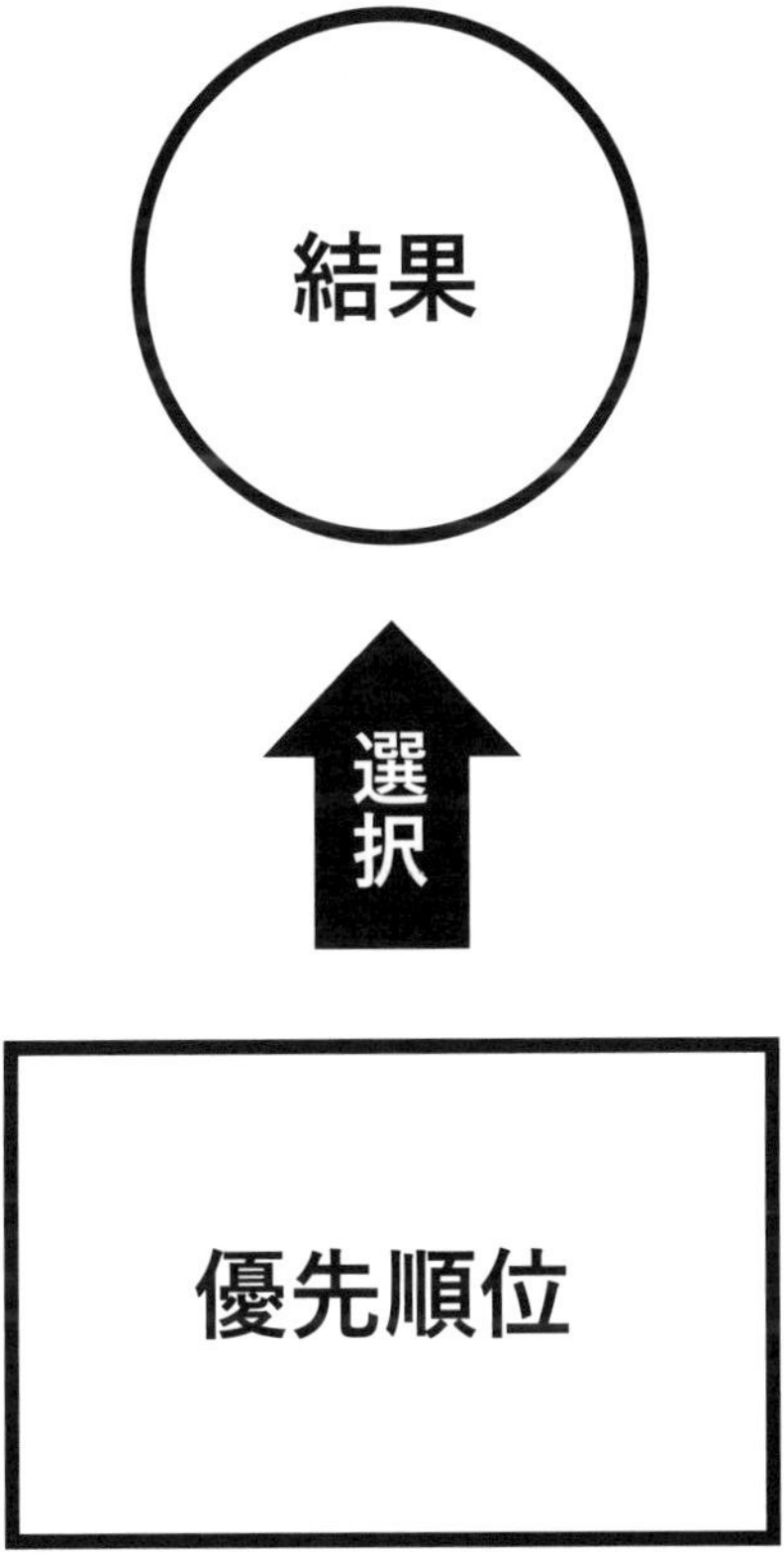

≫ 優先順位を変えよう!

そうした優先順位には、さまざまな種類がありますが、とくに次の3つの優先順位を変えると、即座に結果が変わります。

（1）行動の優先順位
（2）価値観の優先順位
（3）つき合う人の優先順位

「できなかったこと」というもののほとんどは、ただ「やらなかっただけ」です。
私たちは、常に何かをおこなっています。
1つひとつの選択が、人生を形成しているのです。

≫もっとも優先させていること

真実は常に、「あなたがいましていること」にあります。
「いましていること」と「なりたいあなた」は、つながっているでしょうか？
問いかけてみることが大事です。

ショックを受けることもあるかもしれませんが、そのまま現状維持を優先させていれば、10年後には大きな後悔が待っています。

また、人の価値観にも優先順位が存在しています。

「安定」も「愛」も「挑戦」も「幸せ」も、すべて価値観ですが、どれを優先させるかによって、人生が決められていきます。

人は、大切にしたいものを大切にすることで、充実感を得ます。

あなたがいま、充実感を得られていないのなら、それは自分が本当に大切にしたいものを大切にできていないのです。

「つき合う人の優先順位」も大事な要素です。

価値観の優先順位は「内面的」なもの。つき合う人の優先順位は「環境」です。

一緒に過ごす人たちと選ぶものは変わるものです。

「行動」を変え、「価値観」を変え、「環境」を変えれば人生も変わります。

結果が出ないまま焦るのではなく、優先順位を見直してみましょう。

苦しんだ人が成果を出すのではなく、ふさわしいことをした人が成果を出すのです。

Create

優先させたものと、あとまわしにしたもので、現在のあなたはできている

あなたは、何かを優先させ、何かをあとまわしにした結果、いまここにいます。

A：「これは今日やろう」と優先させたもの

B：「これは今度でいいや」とあとまわしにしたもの

この合計が現在のあなたの人生です。

もっとも早く毎日を変える方法は、「あとまわしにしていたこと」を「今日取り組むこと」に変えることです。Bを Aに持ってくることです。

「いつかやりたいな」と思っていたことを、「この日にやる」と決めることです。

「いつかやりたい……」と思っていることが悪いわけではありません。「いつかやりたい……」と思っているときは、ただ単に毎日が変わらない、というだけです。

たとえば、100万円の使い道を考えてみましょう。

Ⓐ　使わない

Ⓑ　ずっと行きたかった海外旅行に行く

大事なことは、Ⓐを選んでも最終的にお金は使うということです。なんとなく使っても、100万円は消えるのです。

しかし、なんとなく使った100万円と、ずっと行きたかった海外旅行で使った100万円では、手に入る未来が変わります。

輝く未来は「ずっと○○したかったこと」をおこなうことにあります。

なんとなく、ダラダラとお金を使っていると、その重大さに気づけません。知らないうちに、未来を犠牲にしてしまいます。

でも、一度に100万円が出ていくとなると、怖いから先延ばしにします。怖くなかったらすでにやっているからです。

怖さを乗り越えるには「衝動」が必要です。

では、どうしたら衝動が手に入るのでしょうか？

そのためには、いいものも、悪いものも含めて、「すべて自分が選んだもの」という「選択マインド」を持つことです。

〝私には人生を選択する力がある〟というマインドです。

「自分は仕方なくこれをやっている」

「別に自分が好きで選んだわけじゃない」

「これをやらなきゃいけない」

というような姿勢は、「自分の人生を選ぶ力はない」という自己暗示になります。

満員電車も、「いまこれは自分が選んでいる」と、意識する。

人へのイライラも、「いまこれは自分が選んでいる」と、意識する。

食べすぎているときも、「いまこれは自分が選んでいる」と、意識する。

そう意識して、はじめて「違う選択をしたい」という衝動が生まれるのです。

≫「選択マインド」

未来は不確定です。

選択とは、そんな不確定な未来を積極的に選ぶことです。

行ったことのないレストラン、買ったことのない商品、話したことのない人……。

そうした新しい体験は、いつも望ましいものばかりとは限りません。

どれだけ立派な選択をしても、タイミングや運によって、悪い結果になることもあります。

逆に、準備が十分でなかったけれど、人の支えや幸運でいい結果になることもあります。

結果は、いろいろな要素に左右されてしまうのです。

選択マインドとは、それを「ＯＫ」と受け入れたうえで、前に進むことです。

「選択をしたのは私。いい結果にせよ、悪い結果にせよ、そこから学んで、また新たな選択をする」

という心の姿勢です。

どんな選択をしても、未来はコントロールできません。

いい結果でも、悪い結果でも、「いま何を選択するかは、私が決めることができる」ことを常に忘れないことです。

望む未来と、未来につながる選択を具体的に考えてみましょう。

そして、新しい選択をしていきましょう。新しい人生は、昨日までとは違うものを選ぶときに、始まるのです。

Create

「選択を変えること」にエネルギーを込める

突き抜けた人たちに共通するのは、

「どんな結果になったとしても、それは自分の選択に責任がある」

という、すがすがしい姿勢です。

「自分がダメなんだ」と自己否定するのではなく、「このやり方を選んだことが悪かった。違うやり方を試そう」と、常に新しい未来に向かい続けるのです。

変えられない過去は忘れるか、学習すればいいのです。そうすれば、未来を少しでもよくすることに、エネルギーを集中することができます。

「なんであれをやってしまったのか」と嘆《なげ》くより、スパッと切り替えてしまいましょう。「まあいいか。次はもっとよくなる」と、切り替えのスピードを上げていきましょう。

「失敗から学ばなくていいのか！」と、イライラする方もいるかもしれません。

そういう方は、もう少し自分を信頼してみましょう。

失敗をして何も学ばない人など、本当にいるのでしょうか？　むしろ、切り替えを早くして、次のことを試したほうがいい。前回のやり方を覚えているうちに、次のやり方を試すほうが、同じことをしなくてすむからです。

突き抜けた結果を出す人たちのほとんどが、経験豊富な方たちなので、「反省が大事」「検証が大事」と言います。

でも、**私たちは「フィードバック不足」です。**反省しようにも、検証しようにも、経験の量が少なすぎる。少ないから「経験から何を得るか？」と考えても、難しいのです。

反省することばかりにエネルギーを使うのではなく、前向きに気分を切り替えて動いてしまいましょう。

≫もっと自由になれるものを選ぶ

もし、気分が切り替えにくいとしたら、次のことが考えられます。

①「〜すべき」「〜でなければならない」と、窮屈《きゅうくつ》になっている
②周りの目や評価を考えている
③将来の出来事や経済など、自分ではどうにもできないことを考えている

こうした常識に縛られるのではなく、「何をしたいのか」「本当はどうしたいのか」という、自分の感性を中心に行動しましょう。

さまざまな人や本が、「〜したほうがいい」「〜してはいけない」と言ってきますが、あなたが「これをしたら、もっと自由になる」というものを中心に選んでください。

心が喜ぶこと、気持ちがワクワクすることをやるからこそ、いまこのときに集中できるのです。

「限られた時間で、自分は何を選択するのか？」

これを決めることが、人間に与えられた才能だと思うのです。

≫優先順位→選択（時間の使い方）→結果

夢や「～したい」という願望を叶えている人は、「あれもしたい」「これもしたい」と、やりたいことを優先させて生きているのです。

では、その優先順位は何によって決まるのでしょうか？

「感情」が優先順位を決めます。

「ワクワクしている状態」が、やりたいことを優先させるのです。

「やらなければいけない」ことばかり考えてイライラしていれば、目の前のことをただやるだけで終わります。

「あれをしなきゃいけない」「これもしなきゃいけない」と、ストレスフルなことばかり考えていれば、「〜すべき」に埋《う》もれる人生になってしまうでしょう。

あなたがワクワクしているものがなければ、他人の都合で過ごすようになってしまいます。やらなければいけないことや、他人の都合を優先させてばかりいると、苦しくなります。

思考は「現在を中心」に動いていますから、どうしても目の前にあることが優先されるようになります。

あなたがいままでと同じでかまわないのであれば、それでもいいでしょう。

しかし、あなた自身が変わりたいのであれば、思考を変えることです。

「現在から未来へ」ではなく、「未来から現在へ」。

現在地点から未来に向かって線を引くのではなく、目指している未来の姿から現在に向かって線を引くのです。

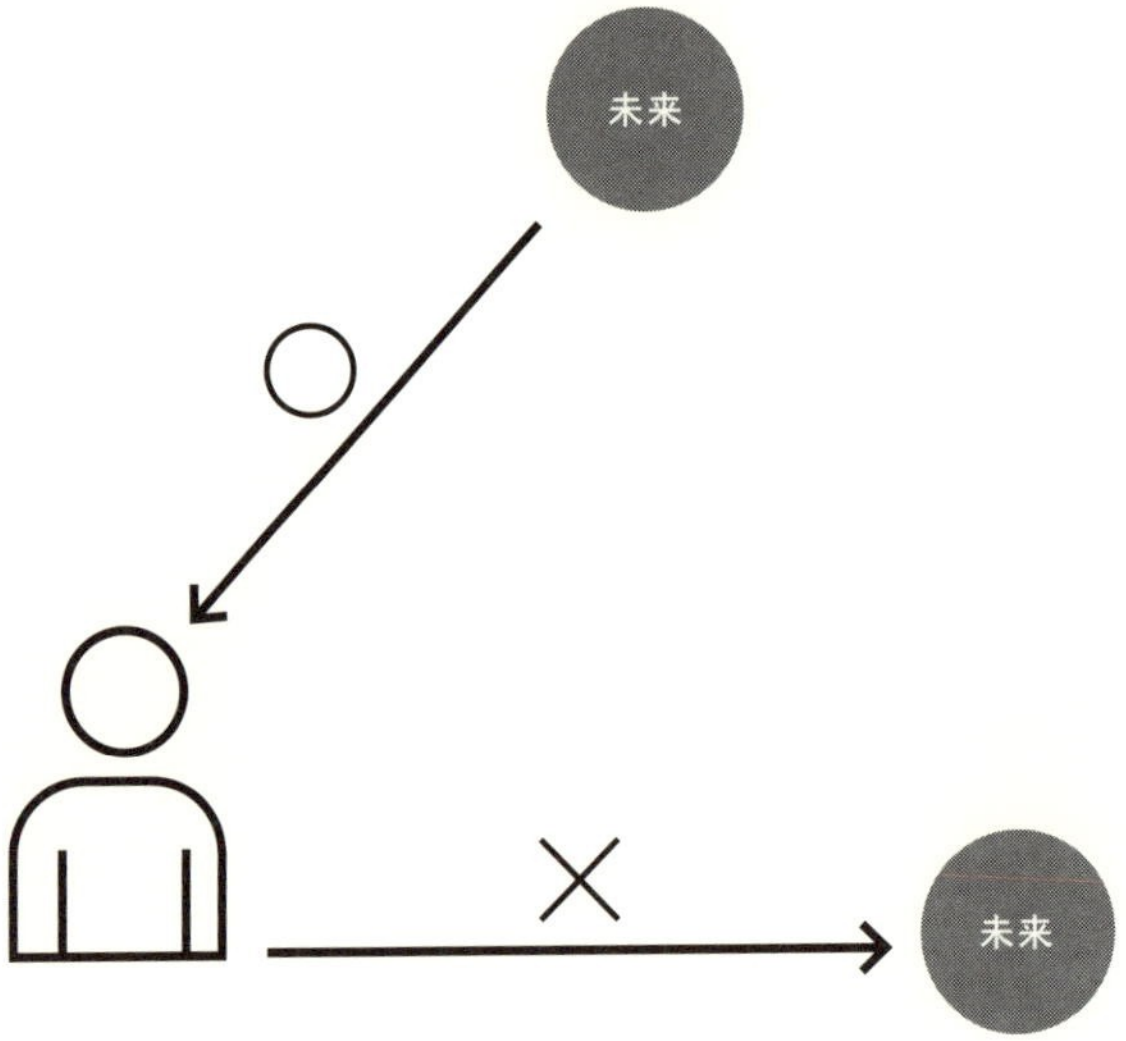

≫「未来から現在」で考える

そうすることで、優先順位は変わっていきます。

私たちは、「目の前のことばかりを考える」習慣になってしまっています。「未来から、いま取り組むことを選択する」という習慣になっていないのです。

新しい習慣をつくっていきましょう。そのために、いつもとは違う考え方をしなければなりません。

理想を描きましょう。抱えている問題ではなく、あなたが叶えたい未来を描きましょう。

どれだけ壮大に見える夢も、いまから取り組める一歩目が存在します。

≫質問：最高の未来のために、いまできることは何か？

「いまできること」を積み重ねると、最高の未来がつくられます。

あらゆる名作のドラマや映画が途中で急展開するように、あなたも心がワクワクすることを1つずつおこなっていくと、あるとき急に〝ジャンプする〟という経験をします。

出会う人や、頼られることが多くなり、評判や結果が急に上がるのです。

なぜなのかと問われても、「そうなっているから」としか答えようがありません。

自分の時間の使い方を見直してみましょう。

「やらなければならないこと」ではなく、「未来のためにいまできること」や「ワクワクするやりたいこと」を増やしていきましょう。

いまできることを積み重ねていけば、壮大な夢でも叶うのです。そのために、「未来につながるいまの選択」が大事なのです。

第2章 ≫ Result

結果が出ないのは、モチベーションや能力の問題ではない

It is not a problem of motivation and the ability that a result is not given.

Result

未来につながるものと、つながらないものを見極める

私たちのリソース（資源）は限られています。
使える時間、エネルギー、お金、人脈など、どう使っていくかという「判断」が、結果に反映されていきます。

「未来のために必要な行動を邪魔するのは、現在のためにとっている行動」
「未来で叶えたいことを邪魔するのは、現在していること」

ということを常に意識しておく必要があります。
そのために、「日常の行動」が「ゴールの実現のためにとる行動」を邪魔させない工

夫が必要です。

この工夫次第で、ゴールの実現が簡単になるか障害だらけになるかが決まります。

ただしもちろん、いましているすべての行動が「不必要」なのかといえば、そうではありません。

行動は目に見えない

現在の行動の多くは、「過去からの積み重ね」です。

たとえば「部屋の掃除」を例に考えてみます。

モノは自動的に増えませんから、あなたの部屋は過去に買ったモノの積み重ねで、いまの状態になっています。

どれくらい整理整頓や片づけをするかは、「どれくらいのレベルのキレイさを求めているのか」で決まります。

「座るところさえあればいい」という人は、たくさんのモノに囲まれていても、片づけをしません。

一方、モデルルームのような部屋にしたいという人は、すぐに片づけを始めます。

つまり、**どの基準を目指しているかで、行動のスピードが決まる**のです。

ここでのポイントは、「モノは目に見える」けれども、「あなたの行動は目に見えない」ということです。だから気づきにくいのでしょう。

しかし、ゴールを実現している人は、「このゴールにつながる行動・思考」と、「このゴールを妨《さまた》げる行動・思考」を、常にチェックしています。

現在の日常の中で、「叶えたい未来につながっているもの」と、「未来を邪魔しているもの」を考えてみましょう。

≫ ワーク 書き出してみよう！

叶えたい未来につながっているもの	未来を邪魔しているもの
［例］読書の時間	［例］テレビ
・	・
・	・
・	・
・	・
・	・
・	・
・	・
・	・
・	・
・	・
・	・
・	・
・	・
・	・
・	・

Result

上り調子になることをしよう

あなたが、「何をやることが正しいのだろうか？」と悩んでしまうのなら、次のことを押さえておいてください。

それは、「調子が上がることを優先させる」ということです。

「これをやることが正しい」とか、「これをやってはいけない」と、自分を締めつけても、あなたの調子は下がるだけです。

私の周りには、「仕事を前倒しでやろうとしても、頭が働かない。だから前日まで、まったく考えないでいるようにしている」というスタイルで活躍しているビジネスパーソンもたくさんいます。

大事なのは正しさより、調子が上がることです。

それは「楽しさ」とも言い換えられます。

楽しさというと、「それは現実逃避では？」と言う人が出てきますが、そうではありません。現実逃避は、楽しいものではありませんから。

楽しいふりをして、本当は苦しいという経験が、あなたにも一度はあるのではないでしょうか。本人が一番逃げていることを知っているからです。

一生懸命、SNSに楽しんでいる様子をアップして、無理して周りにアピールしても、心がすり減ってしまいます。自分が消耗してしまうことは避けましょう。

楽しさとは、自分が元気になる活動です。あなたに元気を与えてくれることです。毎日をもっとイキイキと過ごしたいというパッションを、あなたに芽生えさせてくれるものです。

上り調子になっていると、「どうせ取り組むのなら、楽しんでしまおう」という軽快な気持ちになります。

楽しむとは、もっと現実を自由に捉《とら》える発想なのです。

苦しんでも嫌がっても、結局やることが同じなら、楽しんだもの勝ちなのです。楽しむために理由が必要でしょうか？　そんなふうに考えると人生は窮屈なものになってしまいます。

≫楽しい人ほど、楽しいものを引き寄せる

多くの人が、不機嫌になるためには理由がいらないのに、楽しむためには理由が必要だと勘違いをしています。

しかし本当は逆です。楽しんでから、理由が必要なら理由を探せばいいのです。

そして、理由なく楽しんでみると、

「楽しくなるために理由を探す暇があるなら、考えずに楽しい気持ちで、いろいろなことに取り組んだほうがいい」

と、気づくでしょう。

楽しさは、楽しさを引き寄せます。

楽しい気持ちで取り組んでいると、「あれもやってみたい」「これもやってみたい」と、あなたがもっと楽しくなることを次々と思いつきます。

まるで、人のアイデアというのは、感情ごとに出てくるのではないか？　と思うくらいです。

そして、それをしているうちに、「セレンディピティ」という、さまざまな偶然の一致が、人生に起こりはじめるのです。

考えすぎて動けなくなるのは、もったいないことです。それよりもまず、楽しさを味わいましょう。

私はそれをいつも忘れないように、携帯電話にもパソコンにも、〝スマイル〟のシールを貼っています。

Result

自分の足で人生を踏み出す覚悟

やると決めたはいいものの、何から取り組んだらいいかわからない。手をつけるべきことが多すぎて、何からしたらいいのかがわからない。

そう悩んでは、悶々《もんもん》とする毎日を送っていたことが、私にもあります。

重要に見えるものは無数に存在し、私にさまざまなプレッシャーや不安を与えてきました。

自分の足で人生を歩み出そうと思ったものの、どうしたらいいのかわからない。そんな私に足らなかったのは、「優先順位をつけるスキル」だったのです。

≫ほかの人を見て焦らない

「何をすべき」ということがハッキリとわかっていて、それをすぐに行動に移すことができるだけで、優秀であることは間違いありません。

しかし、多くの人が考えるほど迷路に迷い込む。やったらいいと思うことはたくさんあるが、期待できる成果がわからない。

私も昔、同じように路頭《ろとう》に迷いました。

そのため、「まず手をつけやすそうなところから」ということで、私の場合は部屋の掃除から始めました。

部屋の掃除が終わったら、洗濯をして干す……。

それが終わったら、お風呂のタイルを洗う……。

それが終わったら、キッチンのサビを落とす……。

いま思えば、いったい何をしていたのでしょう。

手をつけなければならない問題は山積みでした。

「あれもこれも」と求めているのに、嫌なことをいくらやっていても、欲しいものは何も手に入りませんでした。

そこで考えたのが、まず「何に集中するのか」ということでした。

ほかの人を見て焦っても、将来のことを考えて不安になっても、常にここに戻ってくるようにしたのです。

「いま真っ先に集中すべきことは何か？」

まずはこう考えることで、人生を取り戻すのです。

Result

真っ先に取りかかるものは何か

頭に浮かぶことを考えていても、いつまで経っても優先順位は決まっていきません。
まず、「たった1つ最優先で集中すべきもの」を決める必要があります。
それには次の4つの要素がヒントになります。

A　目指している目標（自分軸）

これは、周りがあなたにやってほしいことではなく、あなたがやりたいことです。
優先順位は目標によって決まります。収入を増やしたいと思っている人と、スキルアップをしたいと思っている人だったら、優先順位は違います。

B　選択肢／現在の能力（チャレンジ能力軸）

これは、自分を客観的に見ることです。どんな能力があるのか、何が得意で何が不得意か。「自分を知る」とも言い換えられます。

能力によっても、優先順位は決まるのです。たとえば、痩《や》せたいと思っていても、食事法にこだわるのが得意な人と、身体を動かすのが得意な人とでは、優先順位は変わります。

C　置かれている状況（他人軸）

これは、冷静になって自分の置かれている状況を知ることです。周囲が自分に期待していること、自分がこの状況で果たす役割を知りましょう。

置かれている状況、あなたの立場や地位といった状況によっても優先順位は変わるのです。

D 「いまこれをやれ」と言われている（お天道様軸）

そして、もしかしたら、A・B・Cのように考えるのではなく、「いま、『これをやれ』とお天道様に言われている気がする！」という、直感が正しいということもあります。

「この流れがきているから！」「これが引き寄せられているから！」など、何かとても大きな流れが自分を運んでくれているような気がするときは、直感に身を任せることもいいかもしれません。

優先させるべきものを決める手段は、いま挙げたAでもBでもCでもDでも、どれでもいいのです。いまあなたが「あ！　この軸で考えてみたい」と思うものを優先させてみてください。

さまざまな軸を回しているうちに、人生が進んでいくのです。

Result

モチベーションではなく「優先順位」の問題だ

多くの人が、「モチベーションが上がらない」と言います。モチベーションが上がらないからできない……。モチベーションが上がらないからうまくいかない……。

しかし真実は、モチベーションが上がらないのではなく、優先順位の低いもので24時間が終わってしまっていることにあります。

次ページの図にあるような、タスクFやタスクGは、翌日になったらやるのかというと、そうでもありません。別のもっと優先順位の高いタスクAのようなものが新たにやってくるのです。

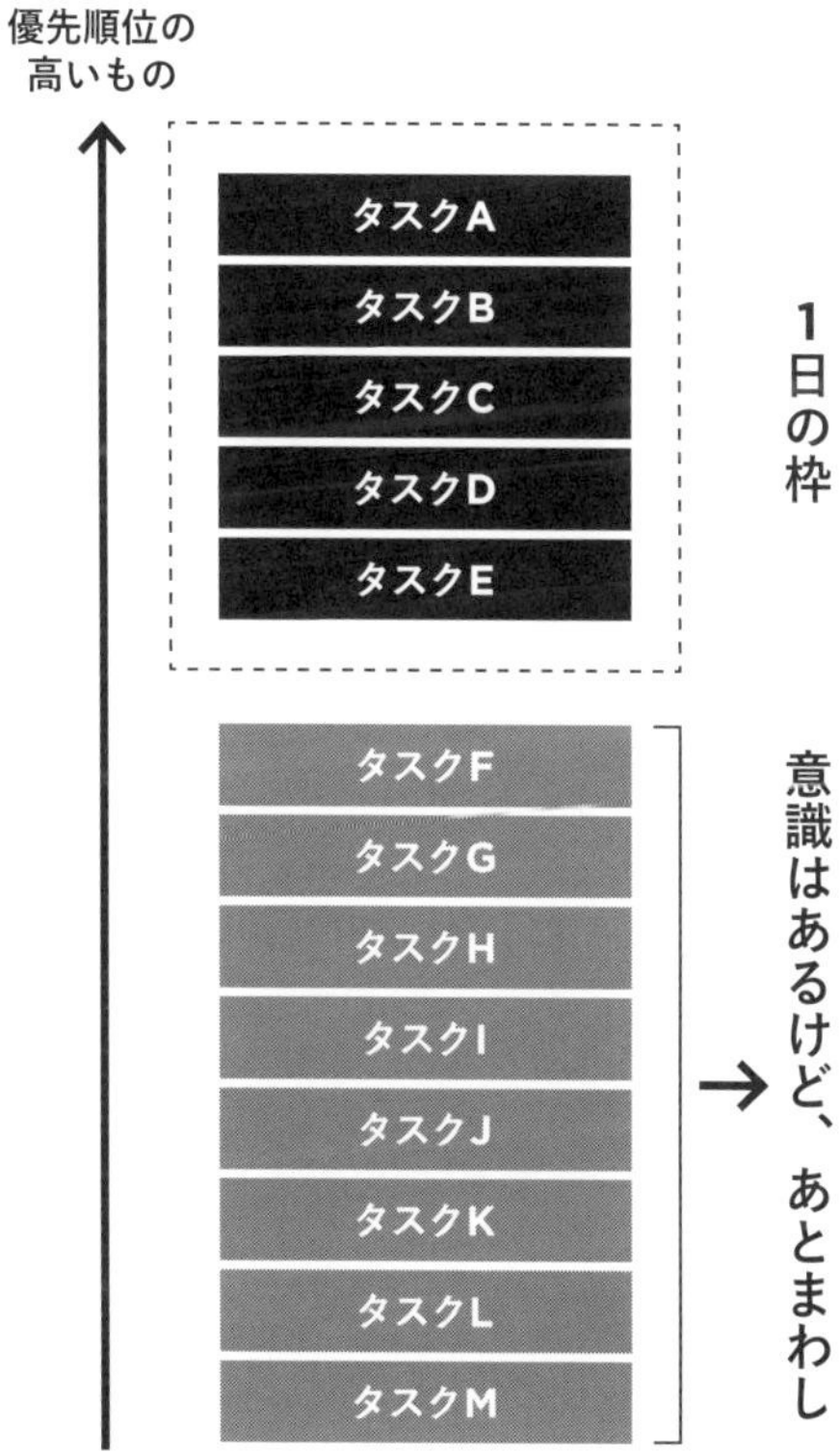

≫モチベーションの問題ではない

たとえば、運動をしようと思っても、あとまわしにしてしまいます。

それは、1日が優先順位が低いもので埋まってしまっているということです。運動だけでなく、読書もそうだし、英語の勉強もそうです。

自分が求めていないもので1日が埋まっていたら、やる気もなくなります。そのときは、優先順位を並び替えてみましょう。

多くの人が、やるべきことを考えすぎています。やりたいことの量が少ないのです。少ないから「あとでいいか」と先延ばしにしてしまう。気づいたらやるべきことから逃げることばかり考えてしまうようになります。

もっとやりたいことの量を増やしましょう。

≫1日でやり切ろうと思わない

いくら「これをやりたい」と思っていても、それをやる時間を見つけなければできません。1日のなかで考えるよりも、1週間のなかで、やりたいことができる時間が

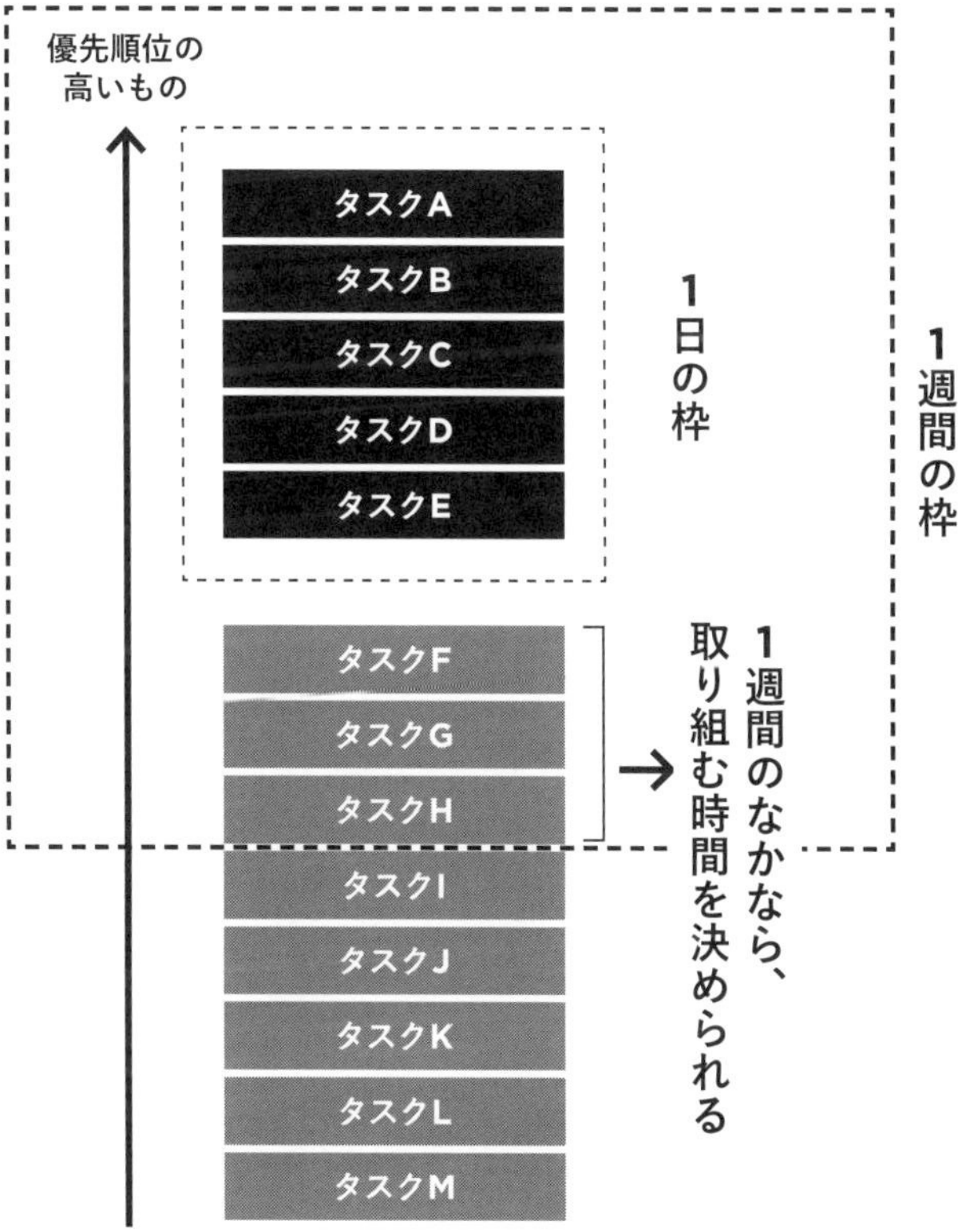

≫1日のなかでやろうとするから
うまくいかない

ないか、考えてみてください。

「考える時間の枠を広げる」ことをしていきましょう。

1日のなかでやろうとすると時間が見つけられなくても、1週間のなかのどこかでやろうとすると、時間が簡単に見つかるのです。

あなたは日頃、時間についてどのくらい意識して生きていますか？

「時間がない！」と焦るなら、枠を広げましょう。どれだけ忙しい人も、やりたいことを1週間という期間に広げれば、時間を見つけることができるでしょう。

しかし、1週間以上に広げることはおすすめしません。

もし、1週間のなかでやりたいことをやる時間が見つけられないとしたら、もっとやりたいことを「こまかく分解」してみましょう。いきなり「海外に行く」時間は取れなくても、「海外旅行のサイトを見てみる」ことはできるでしょう。

どれだけ「やらなければいけないこと」があっても、「やりたいこと」をやる時間はある。これを心に刻んでいきましょう。

Result

予定通りにはいかないことだらけ

ビジネスでも人生でも、常にさまざまなタスクや予定が割り込んできます。

そして、当初の予定とズレていき、「こんなはずじゃなかったのに」と思ってしまうこともあるでしょう。

でもそこで、愚痴を言うのはもったいない。流れは自分次第でよくも悪くもできるのです。予定とずれたときこそ、「これをきっかけにもっと未来をよくしよう」という気持ちでいきましょう。

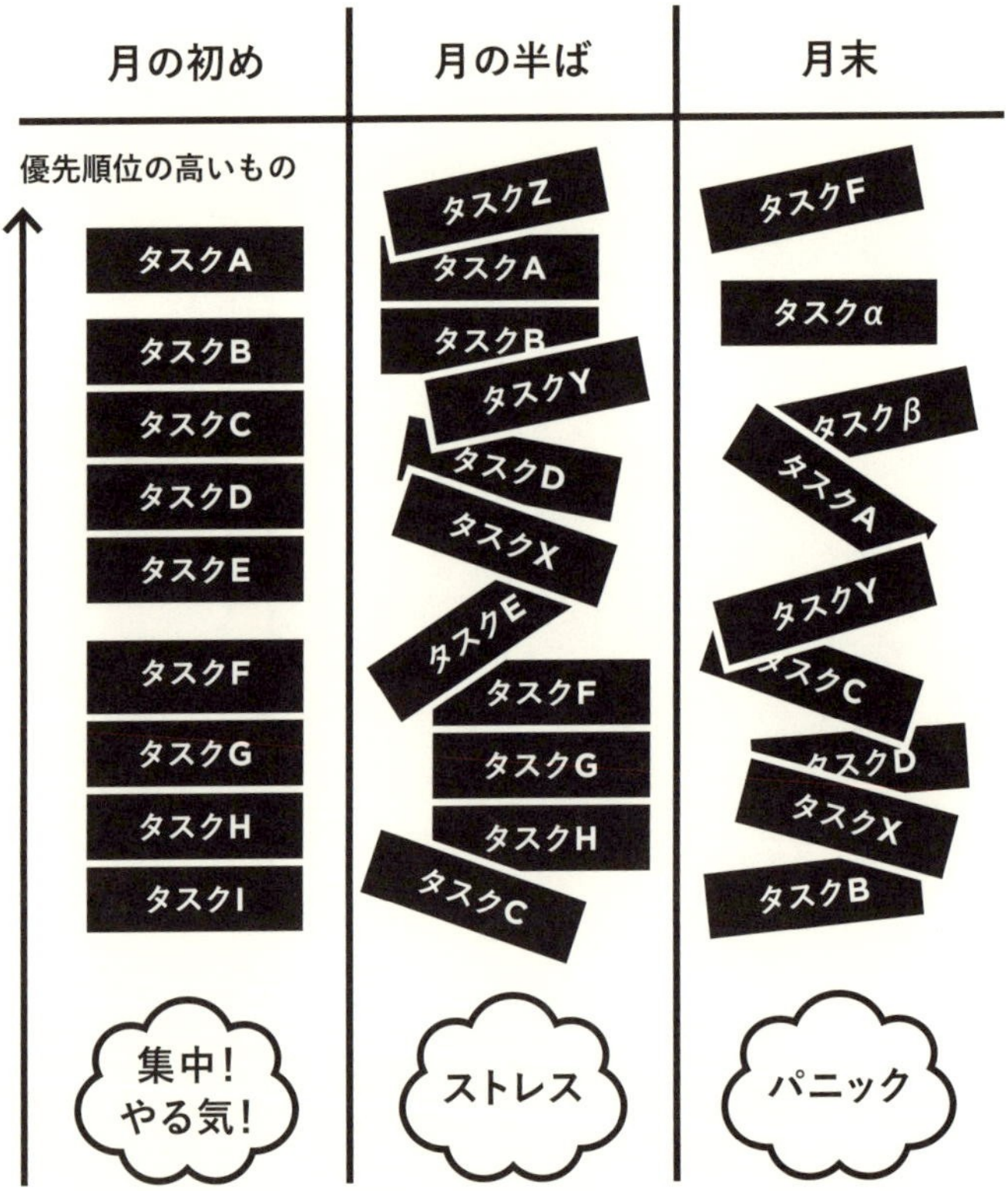

≫ 予定通りにいかなくて当然

この図にあるように、どれだけ月の初めにバッチリ優先順位をつくっても、月の半ば頃には、新しく入り込んできた違う予定やタスクで、当初考えていた優先順位が崩れていくものです。

優先順位が崩れ出すと、自分が仕事に集中できているような気がしなくなり、目の前のことに流されるようになります。

どうでもいいことを率先して取り組んでしまったり、大事なことをど忘れしてしまったりするのです。

もちろん人間だから、こうなるのは当たり前です。

しかしこうなってしまえば、何に集中していいかわからず、モチベーションも下がってしまいます。

でも、あなたのやる気がないわけでも、仕事がつまらないわけでもないのです。少し優先順位が乱れただけなのです。

自分のペースを取り戻しましょう。

何に優先的に取り組むのかを決めるのです。

当たり前のなかに、ヒントが隠れている

伝説的なバスケットボールプレイヤーのマイケル・ジョーダン氏は、

「失敗のほとんどは集中力のミスだ」

と言います。

自分がいま、何に集中しているのかを思い返しましょう。

そのために、1週間に少なくても10分は、落ち着いて「何に集中するべきか」を洗い出す時間を取りましょう。

さあ、あなたは今週、何に集中していきますか?

他人から入れられた予定ではなく、自分が集中したいことのために、率先して「自分の予定」を入れていきましょう。

第3章 ≫ Target

目標や夢は、どうすれば叶うのか？

How do a target and a dream materialize?

Target

「重要なこと」にもレベルがある

やらなければいけないことを優先していると、やりたいことができません。

「仕事が落ちついたら、ゆっくり旅行の計画を立てよう」

「このプロジェクトが終わったら、何か楽しいことを考えよう」

では、実際に終わったら行動するでしょうか。

あなたも平日に仕事に追われていると、土日に何もしたくなくなったことがありませんか？

これは、他人の都合を優先させてしまうことから起こる事態です。

やりたいことを優先させる。

これが人生を変える優先順位です。

「やらなければいけないこと」を、早く終わらせること〝だけ〟にフォーカスする人がいます。

「やりたいこと」が心に溢れていない仕事ばかり、早く終わらせようと思っても、当然うまくはいきません。

また、やりたいことを優先させることに罪悪感を覚えてしまう人がいます。それは「やらなければいけないことを優先させている」ということの表れなのです。

≫ あなたはどのレベル？

「やりたいこと」と「やらなければいけないこと」には、次の3つのレベルがあります。

【レベル1】

やりたいことをやって、やらなければいけないことができない

これは一見自由に見えますが、じつは不安に支配されやすくなっています。ある心理学者は、「不安は、いま置かれているところの責任を果たしていないと感じるもの」と述べています。

【レベル2】

やらなければいけないことが多くて、やりたいことができない

多くの人がこのレベルにいます。やりたいことを諦めてしまっているのです。やりたいことをもっと優先させるべきです。そのために、やりたいことのリストを多く書きましょう。やりたいことの量が情熱を生むのです。

【レベル3】

やりたいことをやって、やらなければいけないことはすぐに終わっている

本書を読むあなたが目指すべきレベルはここです。

「やらなければいけないことが終わったら、やりたいことをやる」という発想では、待っていても終わりません。

それどころか、やらなければいけないことは増えていき、スケジュールが埋まっていきます。やりたいことが少ないと、「あとでもいいか」と、あとまわしになります。

それを変えるためには、もっと速いスピードでやりたいことを増やし、「いつ」やりたいのかを考えるのです。

「どうしても今月中にやりたい！」

「どうしても今日中にやりたい！」

という感情が大切です。

あなたのやりたいことは何でしょうか？

「いまじゃなくていい」「今月じゃなくていい」という、「やらなくていい理由」が多

ければ多いほど、先延ばしにしてしまいます。

やりたいことの量を増やしましょう。1年では足りないくらいに。

「今年」「今月」「今日」やりたいことは何ですか？

そして、やりたい理由を強く意識しましょう。

理由が強くなるほど、やるべきこと以上に、自動的にやりたいことが優先されますから。

Target

「まず手をつけるだけ」でいい

行動するのを躊躇《ちゅうちょ》する理由に、多くの人が、「準備が完璧じゃないから」ということを挙げます。しかし、そもそも「準備」とは何でしょうか。

この「準備」には2種類の定義があります。

① 学校の準備や、旅行の準備など、「前もって必要なものが予想できる」

これは事前に準備するものが明確です。だからほとんどの人はこちらの準備が不足していることは少ないです。

②　やってみないと必要な準備がわからないもの

これは、手をつけてみてから、「あれが必要だ」とわかるものです。

「いつまでも始められない……」

こう感じるものは、間違いなく、②の「やってみないと何が必要なのか」がわからないほうの準備が必要です。

逆に事前に準備するものが決まっているもののほとんどは、過去にやったことがあるものであるケースが多いです。

そうした事前に準備がわかるものですら、最初は、やってみてから、「次はあれを準備しておいたほうがよかった」という経験をしたはずなのです。

なんでも揃っていることに慣れてしまうと、まるで〝何かをするために必要なものは、全部最初からわかっている〟かのように感じてしまいます。しかし、そうではありません。

動き出してから、必要なものがあったら戻ればいいのです。

怖がって準備ばかりしていると、要らないものばかり抱え込んでしまいます。

富士山に登ろうとして、「途中で火事になったらどうしよう。あ、消化器を持って行こう」などと考えていたら、登山を楽しめません。

「景色がいいはずだから、望遠鏡を持って行こう！」

「みんなの思い出を撮りたいから、カメラを持って行こう！」

こうした、自分を**「快の気持ち」**にさせてくれるものを、準備として持って行くことが大事なのです。

行動することに躊躇した場合、まずは「2分だけ」手をつけてみましょう。

始めなければ、何も動き出しません。

ほんの少しでも手をつけてみると、じつは想像していた以上に、簡単に進むことはとても多いのです。

「これはめんどくさいから」

「これは苦手なことだから」

「これは絶対にできないから」

本当にそうなのでしょうか？

2分取り組んでから、判断するのでも遅くはありません。

2分やってみて、「あれ？　思っていたより簡単だった！　なんでもっと早くやっておかなかったのだろう！」と思ったら、もったいないことです。まず手をつけてみましょう。

Target

「やり終わった姿」にフォーカスする

「手をつける」という段階ができるようになったら、次は「やり終える」という段階に取りかかりましょう。

「今日やり終えることは何か？」にフォーカスするのです。取り組むことが完了している姿を思い描きましょう。

人は何かのタスクが終わるとスッキリします。

ゴミ出しが終わったり、資料の作成が完了したり、締切までに提出したり……。「終わり！」や「完了！」は、気分を軽くしてくれます。

なぜなら、「完了＝もうそのことについて考えなくていい」からです。

人はうじうじと考えているときに、消耗していきます。

「やるべきだよな、やったほうがいいよな」と迷っているだけで疲れてしまいます。

完了すると、もうそのことについて考えなくてよくなります。「考えなくていい」というのは精神に大きな安心感を与えてくれます。

さらに、それだけではありません。

「完了」することは、自信の根拠にもなるのです。

「私はできる！」という自信とやる気を与えてくれるのです。このやる気は、次の完了させるべきことに向かいます。いい流れが生まれるのです。

「完了したときのこと」

「やり切ったときのこと」

「何が手に入っているのか」

ここにフォーカスしましょう。

いま、気分が落ちている人は明るくなるでしょうし、いま楽しい人は、もっと楽しくなるでしょう。

≫「意識を奪われないこと」を意識する

締切間近になるとスピードがアップしたり、金曜日の夜になると急に効率よく仕事を進められたりする人がいます。

それは、「このときまでに、これをやり切る」という「出口」に思考が集中しているからです。

1日がスタートする前に、今日やり切ることは何かを考えてみることです。

「めんどくさい」と感じるときというのは、目の前のことが膨大に感じ、

「こんなにやらなければいけないの……」

「いつ終わるかわからない……」

という気がしてしまい、出口が見えないのです。

やり切る出口が見えないと、先延ばしをしてしまいます。

ギリギリになって手をつけてみたら、意外に時間がかかって、終わらなくなることがあります。

それは「やり切るまで」がイメージできていないからです。

何かの手続きにせよ、旅行の準備にせよ、やり切るところがイメージできているとスムーズに行動に移せます。

いつやるかを決めることができるようになるのです。

Target

「ピリオドを打つ」と、やり切れる

「現状維持で精一杯になってしまう」人は、いつもギリギリで動いています。だから私はギリギリをおすすめしません。

チャンスがあっても身動きが取れないし、周りの人も、焦っている人を見るのは、気持ちのいいものではありません。

「あの人はいつもギリギリな人」というイメージがつくと、チャンスを逃すことにつながります。

ダラダラと考えたり動くのではなく、区切りをつける。

私はこの「区切りをつける」ことを、「ピリオドを打つ」と呼んでいます。

≫ 期日は自分で決める

追い込まれる前に進めておけば、未来はもっと早くよくなります。

「いつまでに間に合わせればいいか」ではなく、「いつやることが楽しいか?」という発想を身につけましょう。

「他人に与えられた期日」ではなく、「自分で決めた期日」を優先させることです。

そこには「間に合えばいいか」という発想ではなく、「ここで仕上げることがベスト」という、自分のなかの最善を常に選ぶ姿勢があります。

他人の都合で生きるのではなく、自分で決めた生き方をするのです。

私にとって、期日を決めることは苦手なことでした。

無理やり〝やらされている〟というような気持ちになって、窮屈で、締切が迫ってくると焦っていました。

でも、あるとき気がついたのです。

「期日を決めるということは、自分のペースで生きるということなんだ」と。

期日がなければ、だらだらと過ごしてしまう。

他人に期日を決めてもらえば、楽なようでも〝自分の軸〟がない。

だから、なんとなく「自分のペースで生きられていない」という気がしたら、期日を積極的に決めていきましょう。

「部屋が汚いから片づける」ではなく、「水曜日までに片づける」。

「英語の勉強をがんばる」ではなく、「月末までに100個単語を覚える」。

「仕事で成長する」ではなく、「2週間で上司の指示なしで仕事ができるようになる」。

というように、期日を決めるとリズムが生まれます。

自分で期日を決めて取り組むと、自分のペースがつくり出せるのです。

Target

「ピリオダイゼーション」を駆使する

期日を決めることは、自分の人生に「集中できる期間」を生み出すことにつながります。

そして、それには「**ピリオダイゼーション**」というスキルをおすすめします。

ピリオダイゼーションとは、トップアスリートが、本番までの長い期間を集中して過ごすために使っているスキルです。

オリンピックまでの4年間という期間を、集中して自分を高め続けなければいけないというのは、とても強い精神力が必要とされます。

その期間を集中して過ごすためには、ただ漠然《ばくぜん》と4年間練習に打ち込むのではなく、

「この期間でこのスキルをマスターする」

というピリオドを打つのです。

短い期間で、1つのスキルに集中してそれを身につけ、そして短い期間をいくつも積み重ねていくことで、総合的にレベルアップするようにしているのです。

「4年間全力を尽くせ」と言われれば、誰だって苦しいでしょう。

自分が集中できる期間でピリオドを打って、そこまでをやり切るようにすると、集中した日々を過ごせるようになります。

どれだけ短くてもいい。あなたが「この期間なら目指すものに集中して取り組める」という期間を、常に設定しましょう。ぼーっとしていると、時間ばかり経ってしまいます。

ピリオダイゼーションを身につければ、「電車のなかで、この本の1章を読み切る」「午前中までに○○を終わらせる！」という、短い期間で効果的にものごとを完了させられるクセがつきます。

すると、多くのことが完了しているのに、「まだ昼だ！」「まだ今月も3日しか過ぎていない」というように、時間に余裕が生まれてきます。日常の密度が濃くなっているのです。

午前中までに完了させる、というペースで動きだせば、何か想定しない事態が起きても、その日のうちに十分取り戻すことができます。自分のペースを知るためにも、区切りをつけていきましょう。

≫人は誰でも飽きっぽい

1年の目標を立てても、それをやり切ることができないのは、1年という期間が「集中を続けるには長すぎる」からです。

「毎日英単語を10個覚える」というのも、1冊の単語集を終えるのに3ヵ月もかかっていたら、集中力が途中で切れてしまうのも当然なのです。

この本を読んでいる方であれば、これまでもいろいろなことに取り組もうとしてきて、挫折した経験があるでしょう。

挫折は挑戦した証です。

だからこそ、〝自分がどのくらいの期間であれば、集中していられるのか〟がわかるのです。

「私は飽きっぽいから集中力が続かない」という人がいますが、それでいいのです。

だから、「どのくらいの期間なら集中していられるのか」を予想して、ピリオドを打てばいいのです。

そして、その期間でやり切るイメージを持つのです。

「明日中に何をやり切るか？」と考えてみて、それでどんどん進みましょう。

1日でも長すぎる場合は、「明日の午前中で」や、「明日出社するまでに」や、「明日家を出るまでに」のように、さらに短い期間でピリオドを打ちましょう。

ピリオドを打つと、見えなかったチャンスが見えてきます。

たとえば、「家を出るまでに」というところでピリオドを打つと、自然とできる範囲は限られてきます。

朝なら、

・コーヒーを淹《い》れる
・読んでいない雑誌を読む
・本棚の整理をする
・ラジオ体操をする

「これならやり切れる」というサイズで考えることができます。

横道にそれてしまいやすいときは、ピリオドを打つ時間が先すぎるのです。自分を集中させておける期間でピリオドを打ちましょう。

≫まずは3時間ごとにピリオドを打つ

職業や自分の役割や仕事内容や時期によって、集中していられる期間は変わります。「この期間がいい」という正解はありませんが、まずは1日単位なら3時間ごと。これから始めてみたらいいでしょう。

そうすると1日＝24時間ではなくなります。

1日＝3時間×8セットになるのです。

3時間ブロックで動けるようになります。

こうしたピリオドをいろいろと調整しながら打ってみると、

「自分にとってこの期間でピリオドを打っていると集中しながら、やり切れる」

という期間が見つかります。

ピリオダイゼーションのスキル、つまり、自分で決めた期間でやり遂げるという力が身につくと、気分転換も効果的にできるようになります。

Target

エネルギー量を意識する

疲れているときに、重要な仕事をすると、ミスが増えるのは当たり前ですし、あとまわしにしてしまうのも当然です。

私は、「自分には高いモチベーションも集中力もない」と自覚しているので、「自分のエネルギー残量」にとても敏感です。

エネルギー量が少なくなってから、重要な仕事や大変な仕事に取り組むのは、失敗する確率を自分で上げているようなものです。

仕事やプライベートや家事や子育てなど、これから何でも鍵になるのは、「私たちのエネルギー」です。

ちなみに、人は朝がもっともエネルギーがある状態です。

夜になるにしたがって、エネルギーが落ちていきます。

このエネルギーは「自制心（セルフコントロール力）」ともいえます（第4章で詳しくお伝えします）。

≫エネルギーが高いときに、重要なことに取り組む

1日の仕事が終わってから、自分のことをやろうと思っても、もうエネルギーが切れてしまって集中できない人が多くいます。

しかし、それは集中力がないのではなく、夜だからエネルギーが切れているだけなのです。

つまり、自分の時間を夜ではなく、朝に持っていくことがおすすめです。

「いま自分はどのくらいエネルギーがあるか」

このようにセルフチェックする習慣をつけましょう。

10点満点で、何点か考えてもいいでしょう。

高い点数がいい、低い点数が悪い、ではありません。

もっとも重要なのは、「その点数で取り組めることをやろう」という選択です。

エネルギーが1点しかなければ、その範囲でできる「自分が喜ぶこと」をおこなえばいいのです。

「エネルギーが1点で疲れているから、テレビを流しっぱなしにする」

ということもできるし、

「1点だから、リラックスする音楽を流して、いい未来をイメージしてみよう」

ということもできるのです。

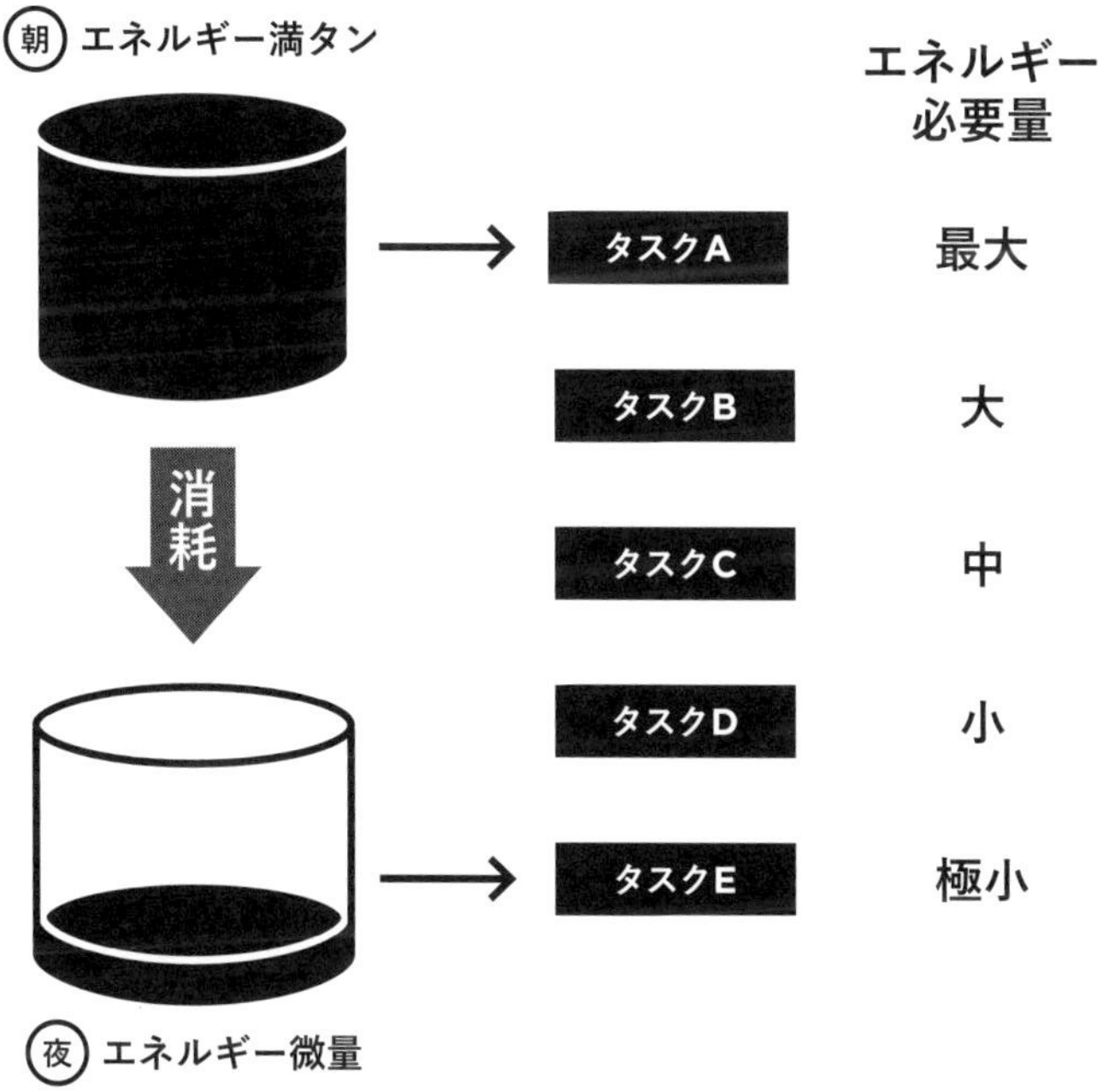

≫いまのエネルギーで、できることは何か?

第4章 ≫ Risk

間違えた優先順位のリスクを顕在化する

I am actualized with a risk of wrong priority.

Risk

優先順位を決めないと、どのような弊害が起きるか

ここまで、優先順位がいかに大切かということを話してきましたが、この章では、正しい優先順位を決めないことによって起きる弊害を、可視化する作業をおこなっていきたいと思います。

≫ 5つのリスク

優先順位を決めないことによって高まるリスクは、次の5つに分類されます。

① その場しのぎばかりになる

いま何をもっとも優先させるのか。それが曖昧だと、その場しのぎの思いつきで動くようになります。少し面倒なことがあると違うことを始めたり、壁にぶつかると途中でやめてしまったりします。

いま自分は何をもっとも大切にしているのか、いま何に取り組むことがもっとも重要なのか。それらが曖昧だと、次から次に目の前に現れるものに対処して、日々が過ぎていきます。

② 未来がつくられない

「これ」と決めて、優先させて取り組むと、人生が前進します。

料理を上手になろうと決めて取り組めば、将来料理が上手になっているでしょう。友人を呼んで食事会ができるかもしれないし、料理が好きなことがきっかけで新しい出会いも増えるかもしれません。優先順位に沿った選択を続けていくと、そこからどんどん未来が派生していくのです。

一方、優先順位を決めて、行動を積み上げていなければ、未来がつくられません。何年企業に勤めていようが、どれだけ経験値があろうが、人生が前進しないのです。

あなたが振り返ってみて、「私には何が残るのだろう」と思うことがあるとしたら、いまから優先順位を決めて取り組みましょう。1日や1ヵ月やっても、大きな違いは生まれませんが、続けることで確実に未来はつくられるのです。

③ 感情が不安定になる

「自分に何も蓄積されていない」と心の平穏が乱されれば、不安やストレスが増えます。

たとえば、名門大学出身であっても、「履歴書に書くことだけはあるけれど、自分のなかには何も残っていない」と感じることもあるでしょう。名門大学を出たというのは、過去の自分が積み重ねをしてきただけです。大学に向かって行動を積み上げていたときは、気持ちが安定して、自信もあったでしょう。

しかし、問題は「現在」なのです。いま何に向かっているのか、いま何を積み上げているのか……それがなければ、周りがどれだけ褒め讃えようが、自分の中身が空っぽだと気づいてしまいます。そうなると、卑屈《ひくつ》になったり、精神的に不安定になったりします。嫉妬や劣等感を持つかもしれません。心が弱く、ストレスが大きいからではなく、自分が何も積み上げていないことが、不安定さをつくるのです。

④ ネゴシエーションができない、「YES・NO」がハッキリしない

自分が何を求めているのか、それがハッキリしなくなるので、人間関係においてネゴシエーションができません。「YES・NO」がハッキリ言えなくなります。よく、「日本人は交渉ができない」と言われたりしますが、海外の友人たちに言わせれば、「何を求めているのかがわからない」と感じるのだそうです。

何を求めているかがわからなければ、雰囲気に合わせて動こうとしたり、気分で動いてしまったり、無難なことしかできなくなります。

⑤ 輪郭《りんかく》が曖昧な人だと思われる

あるときはＹＥＳと言い、また別のときはＮＯと言い、そこに一貫性も信念もない、わからない曖昧な人と思われてしまいます。無難だから、欠点はない。嫌な気持ちにさせないし、礼儀も正しい。ただ、記憶に残らない人です。人を怒らせない代わりに、ファンや応援してくれる人もいない。「あの人は悪いところはないけれど、なんだかハッキリしない」と思われてしまえば、重要な場面で紹介もされません。「あの人は、ちょっと乱暴なことを言うけど、絶対信頼できる」と思われるほうが、確実に人脈は増えつづけ、評判は高まり続けます。

以上の5つのリスクからもわかるように、優先順位とは、Ｔｏ－ｄｏリストに順番をつけるテクニックではなく、本当は人生全体を左右するほどのスキルなのです。

意志力のスタミナを削られる

人は「大事なこと」ほど、先延ばしにしてしまいやすいものです。

そして、多くの人が気づいていないのが、「意志力は無限ではない」ということです。「量」があって、「限り」があるのです。

本書の冒頭でもお伝えしたように、人生を変えるには、「重要に見えるもの」ではなく、「重要なもの」に取り組めるかどうかです。

そして、「重要なもの」のほとんどは、1回やったからできるというものではありません。継続的な取り組みが必要になります。

1つのことや、1つのゴールに向かって、継続をしていかなければなりません。

英単語を毎日少しずつ覚える……。

健康のために食事の量を減らすことを心がける……。

人とのコミュニケーションで、聞くことを意識し続ける……。

じつはこの「意識し続ける」ということは、「意志力のスタミナ」を削るのです。

あなたのなかに、「やってはいけないこと」はありませんか？

やらないように注意していることはないでしょうか？

やってはいけないことを、やらないようにすることを「自制心」といいます。自制心は、自我消耗を起こすのです。

≫判断ミスや先延ばしにつながる

なぜこの話が大事かというと、人生やビジネスにとって「重要なもの」には、注意深い思考や判断が求められるため、「意志力のスタミナ」が十分にないと取りかかれないのです。

人は、朝起きたときが、意志力のスタミナが最大値です。

しかし、何かを決めたり、何かを考えたり、ストレスのなかにいると、スタミナは削られます。

そして、夜には、意志力がわずかしかない状態になります。

そんな状態で「さあ、将来のことを真剣に考えよう」と思っても、もうそんな大事なことを考えるスタミナがないのです。

だから「明日でいいや」と先延ばしにしてしまいます。

これは意志が弱いのではないのです。

「意志力のスタミナ」が切れた状態では、人の判断は「先延ばし」や「普段ならしないこと」に傾いてしまうのです。

Risk

目的地を見失う

何を優先させるかがわかっていないと、その場の思いつきで動くことになります。

〝いま自分が何に向かっているのか〟がわからない状態です。

目的地を見失った船のように、人生という大海原《おおうなばら》を漂《ただよ》ってしまいます。

たしかに思いつきで動くことは、まったく動かないことに比べれば、はるかにましでしょう。でも、何か意味のあることを成そうと思ったら、ある程度の期間をかけることが大事になるのです。

ダイエット、語学、教養、人間関係、スキル、専門知識……。

世のなかで評価されるようなものは、ある程度の期間、継続的かつ集中的に、そこに時間とエネルギーを投下することによって、手に入ります。

≫ 人のせいにしてしまう

じっと何に集中するべきかを考えてみることは、もしかしたら不安かもしれません。そこに答えはないからです。

自分の頭を使って出した答えなら、自分に責任があります。

占いを頼って失敗しても、占い師のせいにすればすみます。上司や親のアドバイスに従ってうまくいかなくても、人のせいにできるのです。

でもいまは、人のせいにばかりしていて、なんとかなる時代ではありません。

自らの手で、未来を切り開いていける人が自由になっていけるからです。

Risk

過去にこだわり、気持ちが落ち込む

再三お話ししているように、優先順位を決められなければ、いろいろなことがうまくいかなくなります。

そして、うまくいかなくなったときの最大の落とし穴は「過去にこだわってしまうこと」です。

あのときはこれでうまくいった、あのときはそれをやって失敗した、など、落とし穴にはまっている人は、過去についての話題が増えていきます。

これからうまくいく鍵は、「これから何をするか」という「現在から未来」のなかに存在しています。

過去の話題をしても、未来への行動はつくられません。

過去の成功があると、そのときのやり方や、そのときの考え方にこだわってしまいます。それはもったいないことです。

成功できたのは、やり方や考え方が正しかったからではなく、柔軟性があったからです。

失敗したらやり方を変える。

うまくいかなかったら考え方を変える。

そうした柔軟性があなたの成功をつくったのです。

≫柔軟であるためにするべき3つのこと

そうした柔軟性をつくるためには、次の3つのことをするといいでしょう。

①「これにこだわっていたい!」というものを打ち出す

いったん過去の成功は横に置いて、何が大事なのかの現状をベースにして考え直しましょう。

私は、人生は「自分のこだわりを貫《つらぬ》ける」から楽しいのだと思っています。

うまくいくかどうかという、〝学校のテストでいい点をとるような生き方〟よりも、自分がNOと思うことはやらず、〝自分がこだわりたいということを人生で貫いていくこと〟が楽しいと思うのです。

歴史上の人物でも、結果としては敗北したり、命を落としてしまったとしても、その生き方や考え方や姿勢が、多くの人のモデルになることが多々あります。

一方、失敗もせず、人がうらやむような収入を手に入れていても、憧れられない人も大勢います。

世界的に有名なアメリカの講演家、ジム・ローン氏は、

「人生の成功は、手に入れるものではなく、いまおこなっていることのなかにある」

と言います。

成果を手に入れることだけを求めて、正解探しを始めてしまうと、人生はどんどん窮屈になってしまいます。

あなたがこだわりたいものが何かを、全面に打ち出していきましょう。

しかし、こだわろうとしすぎると、柔軟性を下げてしまうこともあります。「こだわりたい！」というものを考えてみてもダメなら、次はこうしましょう。

②「これだけは絶対に嫌」というものをハッキリさせる

「これだけは絶対に嫌だ」というのをハッキリさせると、意外にまだまだやれることはあると気づきます。

「何をしようか」と思っているときには気づかないものが、「絶対に嫌だ」というものがハッキリすると、どんどん見えてくるのです。

「これは絶対に嫌」というものが明らかになれば、「こだわり」という集中か、「これだけは嫌」という回避かが、より明確にわかるようになります。

「これだけは絶対に嫌」ということがハッキリすれば、それ以外は自由におこなえるのです。

③「自分のこだわり」が何の影響を受けているのかを考える

人は必ず、何かの影響を受けています。

「自分のこだわり」だと思っているものでさえ、じつは誰かの影響であったりするのです。

自分が何の影響を受けているのかに気づいていない人は、とても不自由です。なぜだかわからないこだわりがあって、それを失うことを恐れるからです。

本当のこだわりとは、自分がこだわっていると思うものを全部取り除いたときに、残っているものだと思います。

自分だけの視野で考えると、もう何も残っていないように思いますが、外から見ると案外たくさん残っているものです。

人は〝自分が外から手に入れたもの〟のほうがありがたく感じてしまい、最初から持っているものは価値が低いと感じてしまいます。

ですが、本当のこだわりというものは、最初から持っているものだから、絶対になくならないのです。

また自分が「これにこだわっている」と思うようなものは、「本当のこだわり」ではなく、「誰かの意見」であったりします。

行き詰まったとき、こだわりを手放しましょう。

こだわりを手放すほど、より自由になっていけるのです。

人生が行き詰まることはありません。

行き詰まるのは常にその人の考え方なのです。

いったんすべてをゼロにしてもいい。そう思える人ほど、豊かで斬新《ざんしん》な発想が広がっていくのです。

第5章 ≫ Priority

優先順位を見極めるコツ

Art to ascertain priority.

Priority

たった1つに集中する

頭のなかのタスクを整理して、行動していく。そのスピードが速い人は「行動力がある」と言われます。行動力がない状態は、タスクの処理が追いつかずフリーズしている状態です。

意識のなかには〝常に気になっていること〟があります。

そのなかのほんの小さな一個が、たとえば「夢を叶える」という重要なタスクでは、エネルギーを集中できないのです。

≫タスクがぐちゃぐちゃ

≫イメージは身体に影響を与える

イメージが身体に与える影響は大きいです。

つらいことをイメージしていると、息苦しくなったり、仕事が嫌だと考えていると、胃が痛んだりします。

プラスなことをイメージすれば、プラスなパワーを得ます。

ほとんどの人は、プラスとマイナスが交《ま》ざっています。

締切がギリギリになると力が発揮される理由は、直前になるとイメージが1つになるからです。

次ページのような状態が、締切がギリギリで、がむしゃらな人の状態です。終わると、またぐちゃぐちゃに戻ります。

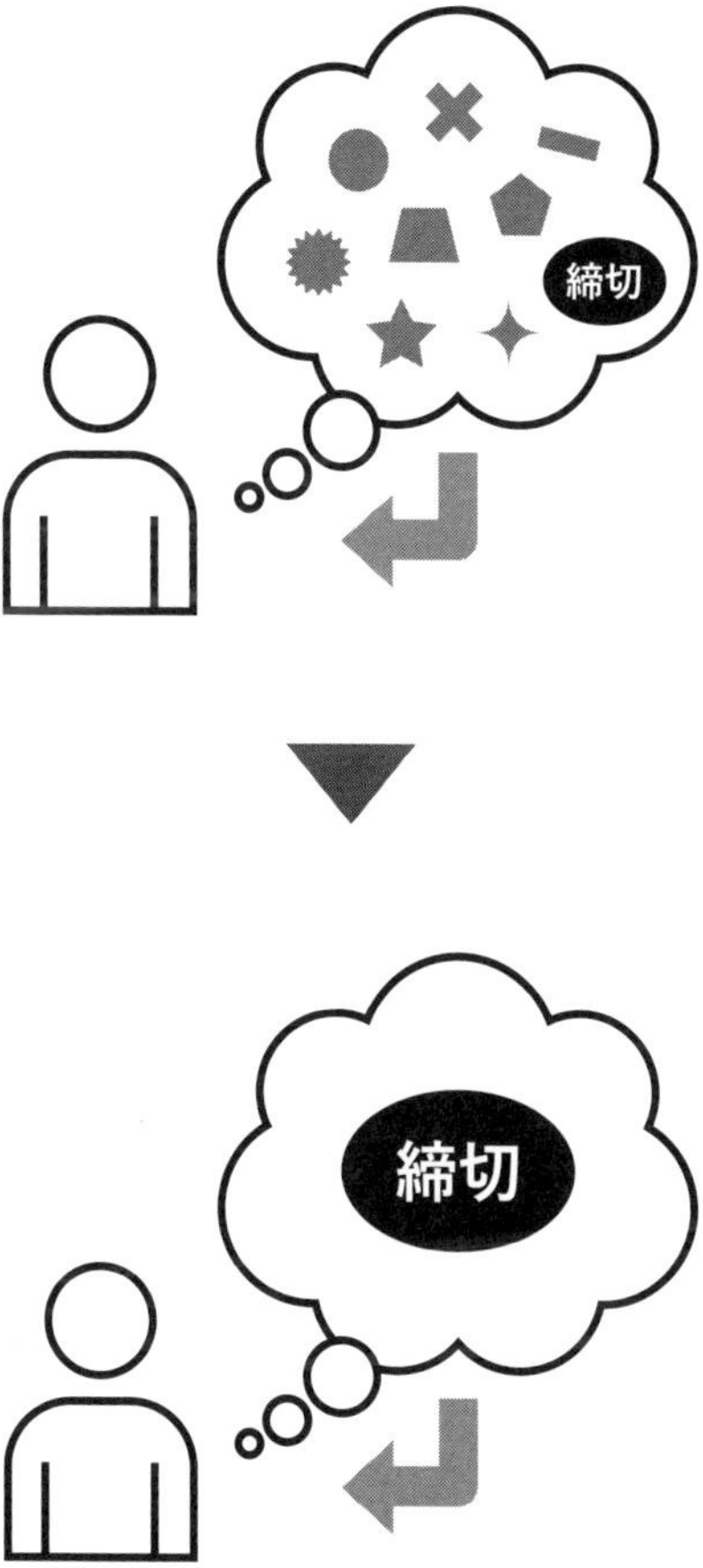

≫追い込まれると集中する

あなたは行動力に自信があるでしょうか？　私はありません。だから、自分がどうやったら動くのかということについて、熱心に研究します。スムーズに動くにはどうしたらいいのかを考えます。

イメージをコントロールする、つまり書き出して、整理すればいいのです。

≫3つの感覚を使って、動き出すきっかけをつかむ

イメージの世界には3つの感覚があります。

① 視覚・ビジュアル

② 聴覚・オーディオ

③ 身体感覚・キネティック

イメージの世界では、あなたがいつも使っている感覚が使われています。

たとえば「先が見えないんです」と言う人がいます。これは視覚について語っているということです。

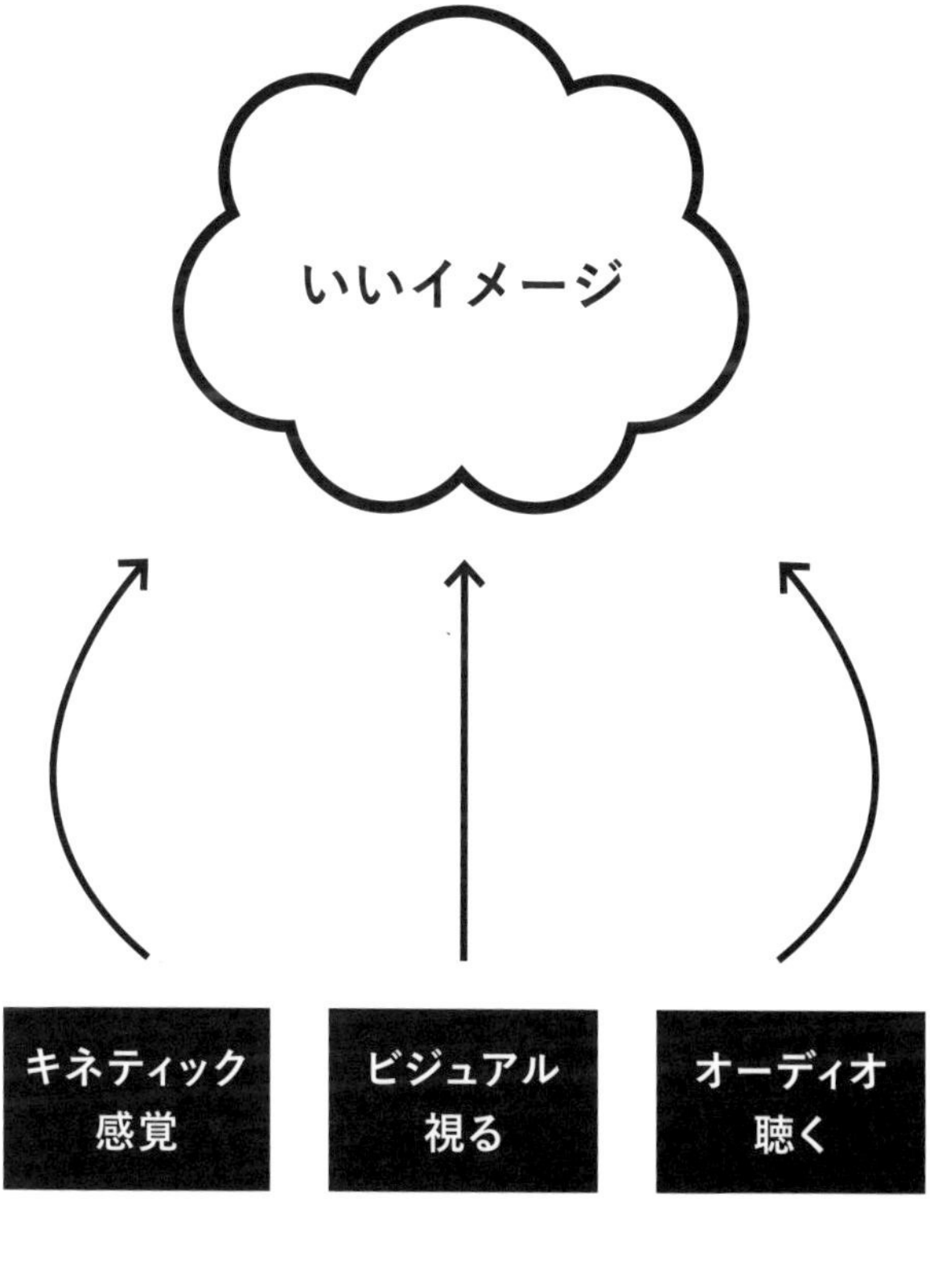

≫3つの道がある

出口が見えず、暗闇のなかにいるように感じると、動けないものです。

でも視覚がすべてではありません。聴覚も身体感覚もあるのです。

「周りの声に耳を傾けてみると？」

「自分の心の奥底ではどんな声がある？」

という聴覚を使って捉え直してみると、世界は一変します。

「手探りで進んでみませんか？」

「つかみながら進めるものはありませんか？」

という身体感覚でイメージしてみると、真っ暗でも前に進めるのです。

1歩下がってみれば、1つが行き詰まっても、まだ2つもあるということに気づくことができます。

持っている3つの感覚を、フルに使っていきましょう。

Priority

2分以内にできることは、その場で終えてしまう

生産性向上コンサルタントとして世界的に著名なデビッド・アレン氏の本、『ストレスフリーの整理術』（二見書房）に、こんな素晴らしいアイデアが書かれています。

それは「2分以内にできることなら、その場でやってしまう」というものです。

このルールで、行動のスピードが大きく変わります。

たとえば「掃除をする」となったら、2分以内には終わりません。

その場合は、「掃除をする」という行動を、こまかくするのです。

「引き出しのなかにあるゴミ袋を取り出す」

これなら、2分以内です。

「○○はできなくても、○○は2分以内にできる」

この「コレなら2分以内にできる」という気持ちが大切です。2分以内にできるものは、優先順位を気にせず、即やってしまいましょう。2分でできることは、小さな行動でしょう。でも、その2分がきっかけで、人生が動き出すことは多いのです。

≫「いつかやる」リストに、夢を叶える鍵がある

行動リストを書き出してみると、「いつやる」と明確に決まっているものと、「いつかやりたいな」というリストに分かれます。頭の中に「いつかやろう」が多いほど、意識は奪われます。だから書き出すのです。

しかし書き出しても、「いつかやろう」のままでは、行動には移せません。

だから、エネルギーを注ぐべきは、「いつかやろう」と思っているもののなかに、未来を変えるものがあるのではないか？　と考えてみることなのです。

Priority

気になることを洗い出す3つのステップ

気になることは日々増えます。頭の片隅に気になることがあると、やるべきことに集中できません。

だから、まずは「気になっていることをすべて出す」必要があります。

人は自分が何を気にしているのか、わかっていないものです。

家に帰れば、「そういえば、飲み物を買っておくんだった」。

オフィスに行けば、「あ、お客さんに確認の電話しておくんだった」。

気になっていることが洗い出せないのが普通です。

前述のデビッド・アレン氏も、「気になっていることを収集する」ということを、生産性を高めるために最初におこなうそうです。彼の場合は、8～9時間も気になることの収集に集中するそうですが、私たちはまず5分から始めましょう。

その際の3つのステップが次のものです。

ステップ1……集める
ステップ2……漏れを探す
ステップ3……やりたいことを出す

≫どのように洗い出すのか

●ステップ1……集める（5分）

「気になっていること」を、ひたすらリストアップしていきます。プライベートから仕事まで、頭にあるものをすべて出しましょう。

●ステップ2……漏れを探す（5分）

ステップ1で書き出しても、まだ何かある気がするかもしれません。ムズムズするようになったら、潜在意識が動き出したくなっている証拠です。

具体的で小さな気になっていることから、大きな視点へ切り替えます。

人生での重要分野を挙げましょう。

健康、人間関係、お金、仕事、趣味、心……。あなた自身が重要だと思うものです。

仕事やキャリアといった広範囲な考え方ではなく、スキルアップ、顧客関係、チームワーク、タイムマネジメント……など、なるべく具体的に、「ここが重要だ」と思う分野を挙げてみましょう。

それらの分野を眺めて、気になることはないかを考えてみましょう。「ある1つの分野」のなかだけで、思考していたことが多かったことに気づくかもしれません。

問題は、自分が関心を向けていない分野でジワジワと大きくなるのです。定期的に見直すと、問題がどんどん減っていきます。

≫人生での重要分野は何か？

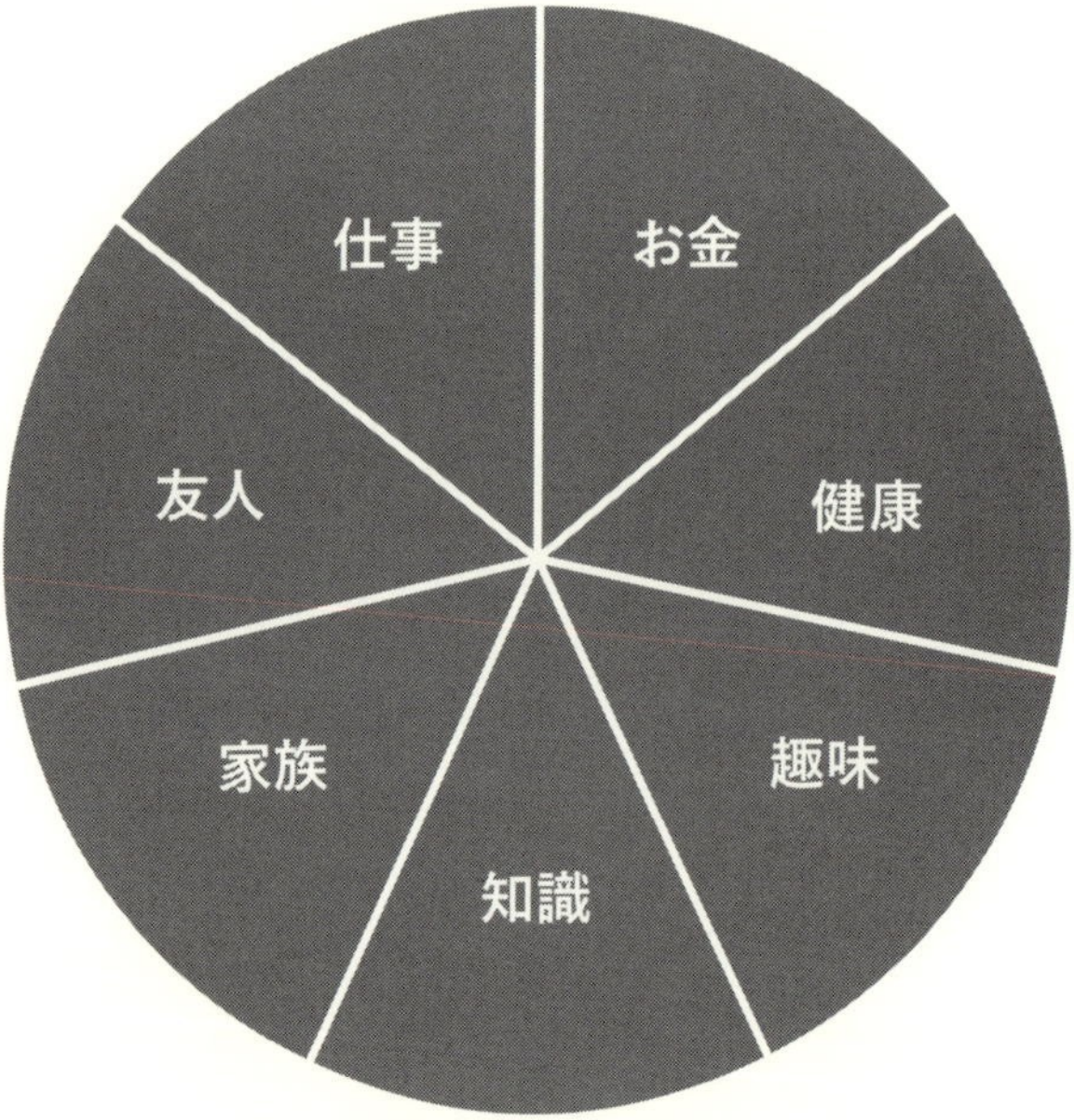

●ステップ3……やりたいことを出す（5分）

あなたのなかにある、やりたいことを具体的に出していきましょう。

気になることが多いと、やりたいことに集中できません。ステップ3で、ようやく思う存分やりたいことを書き出していきましょう。

旅行に行きたい、親孝行したい、有名なレストランで食事をしたい、1000万円貯金したい、と思いつくものを挙げてみます。

やらなければいけないことは、他人が決めたものです。

やりたいことを優先的にスケジュールに入れていかなければ、待っていてもやりたいことが実行できる日は来ません。

何をしたいのか、どうなりたいのか、できる限り書き出しましょう。

そして、書いているうちにドキドキワクワクしてきたら、早めに取りかかるのです。

Priority

「未来へのインパクト」で優先順位を決めるという方法

日々の行動や選択は、積み重なっていきます。

何を選んできたのか。何を選んでこなかったのか。選択に釣り合うように、人生はつくられているのです。

過去の行動で、いまのあなたはつくられています。

ベストセラー作家で訴訟《そしょう》コンサルタントのフィリップ・マグロー氏は、『史上最強の人生戦略マニュアル』（きこ書房）で次のように言っています。

「行動を選ぶとき、あなたは結果も選んでいる」

たとえば「二度寝する」という行動を選んだときには、「慌《あわ》てて家を出る」という結果も選んでいるのです。前倒しで取り組むことを選んだとき、余裕をもって仕上げられるという結果も選んでいるのです。

行動を選択したとき、伴《ともな》う結果も選んでいるということです。

しかしながら私たちは「行動」ばかり見て、伴う「結果」を見逃してしまうことが多くあります。

私のところには、「独立をしたい」という人も相談にやってきます。

「サラリーマン時代以上の収入を得る」という「結果」を選んで退職したのに、まずは失業手当を受け取るために「表だって活動しない」という「行動」を選んでしまうという人もしばしば。

活動しないことは、稼げないことを選択することでもあります。

行動ばかりを見ていると、誤ってしまうのです。

失業手当をもらうことが悪いわけではありません。有利にする選択をするのか、不利にする選択をするのか、その人次第です。

「結果」を見ましょう。

「週に3回ジョギングする」という「行動」ではなく、先にある「エネルギッシュで疲れない身体」という「結果」を選びましょう。

「何十人にも会う」という「行動」ではなく、先にある「たくさんの人たちに喜んでもらえる」という「結果」を選ぶのです。

1つひとつの行動は、未来につながっています。

行動を見て選択するか、結果を見て選択するか、その違いがあなたの未来を大きく変えます。

≫選択の基準は何か

行動を選択するとき、優先させるべきは、**「未来へのインパクトが大きいもの」**です。

それを選択すればいい結果が出るのです。

行動がどんな結果を引き連れてくるのか、すぐにはわかりません。

お祭りのくじ引きのように、すごい景品につながると思って引いたらハズレだった、ということもあります。おいしい話だと思ったら痛い目を見ることもあるでしょう。

また、現代のビジネスはスピードが求められています。

時間が無制限に与えられていたら、しなくてよかったミスや、解けたはずの問題もあるのです。

だから大事なのは、日頃から「いい結果につながる選択」が何なのかを、気にすることです。

世のなかは、自分以外の人たちが、どうしたらうまくいくのかを試し続けています。

おすすめは、自分がなりたいと思っている人や、自分が欲しい結果を出している人を「サンプル」として集めておくことです。

うまくいくサンプルが1つしかないと、

「これは自分に向いてない」

「こんなやり方で結果を出したくない」

と自分に合わないこともあります。

サンプルがたくさんあると、

「あ、こういうやり方は自分でもできる」

「この人のようになりたい」

と、自分に合ったかたちが見つかるのです。

なりたい人や、欲しい結果を出している人がやってきたことに、注意を払ってみましょう。その足跡を辿れば、あなたもそこに辿りつくのです。

サンプルがあれば、優先させる行動を、楽に選ぶことができるようになります。

Priority

「問いを立てる力」で、インパクトが大きいものを明らかにする

思いつきで動くと、いまのままであることが多いです。

部屋を散らかしている人が思いつきで行動したら、部屋は散らかるだけです。

一方、部屋がキレイな人が思いつきで行動したら、部屋はキレイになります。

文豪の谷崎潤一郎氏は、「はなすように書くこと」(『文章読本』中央公論社)と言っていますが、現代の若者が話すように書いたらどうなるでしょう?

痩せている人が思いつきで行動したら……、太っている人が思いつきで行動したら……。結果は見えていますね。

思いつきで行動するのには、注意が必要なのです。

≫人生が変わる7つの質問

ここで、次の7つの質問を考えてみてください。この7つの質問が得意になったら、思いつきで動いてもうまくいくでしょう。

(1)一切の制限がないとしたら、どんな未来を望む?
(2)そのためには、1年後、どういう結果になっていたらいい?
(3)そのためには、半年後、どういう結果になっていたらいい?
(4)そのためには、1ヵ月後、どういう結果になっていたらいい?
(5)そのためには、1週間後、どういう結果になっていたらいい?
(6)そのためには、24時間後、どういう結果になっていたらいい?
(7)そのためには、いま真っ先に、何に取り組んだらいい?

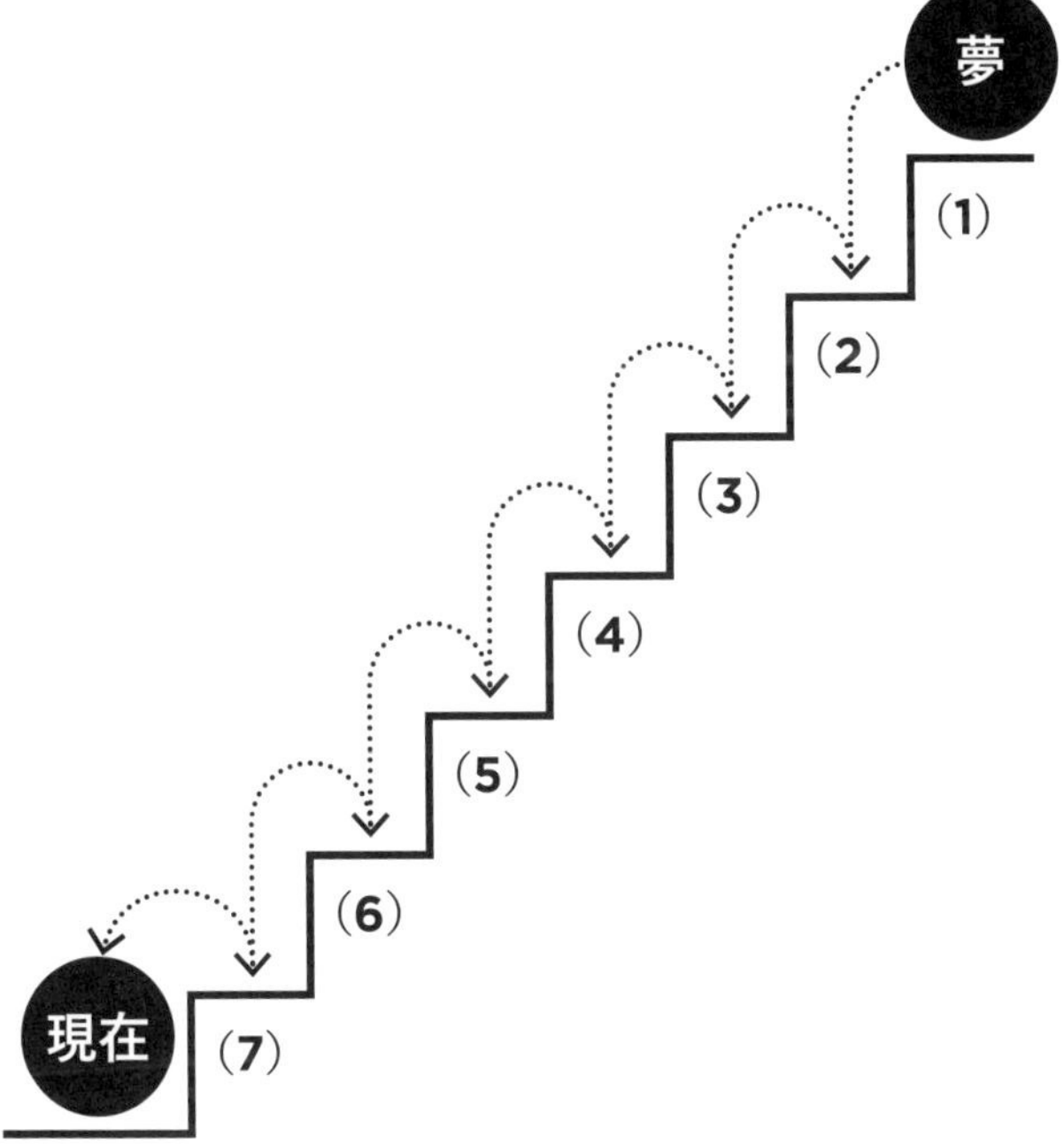

≫7つの質問で、未来から、いまやることを選ぶ

人の悩みの多くは、(7)の「真っ先に何に取り組んだらいいか」がわからないことです。

ハーバード医科大学心理学博士のジェフ・ブラウン氏は、『IQより大切な「頭の使いかた」』(三笠書房)で次のように言っています。

「モチベーションが上がらないという悩みがある人は、最初の段階で目標が間違っていないかチェックしてみること。これが一番多い失敗のパターンだ」

じつは、(1)の「一切の制限がないとしたらどんな未来を望むのか」という目標から考えていくことが大切なのです。

1つずつ問いに答えていけば必ず、人生を変える選択が明らかになるでしょう。

第6章 ≫ Know oneself

自分を知り、最適解を選択する

I know oneself
and choose the most suitable solution.

記録することで「優先順位」が浮かび上がる

Know oneself

優先順位は簡単に崩れます。

ほとんどの人が優先順位を見直すという習慣を持っていません。

自分がどのような優先順位になっているのか、知る方法があります。

それは「あなたが何にどのくらい時間を使ったかを記録すること」です。

本当の優先順位は、時間の使い方に表れます。

だから、時間をどのように使ったのかを記録していくと、優先順位が浮かび上がってくるのです。

ハーバード・ビジネススクール教授のロバート・スティーヴン・カプラン氏は、『ハーバードの〝正しい疑問〟を持つ技術』（CCCメディアハウス）で次のように言っています。

「あなたの時間の使い方を見れば、あなたが何を信じ、会社をどうしたいかが手に取るようにわかります」

この「会社」という表現を「人生」と置き換えてもいいし、「家庭」と置き換えてもいいでしょう。

以前、あるクライアントから、

「どうしても会社の業績を上げたい。生活も脅《おびや》かされているから、これは最優先で取り組みたい」

という相談を受けました。

夜遅くにディスカッションを重ねていたときのこと、「では、具体的にどういう行動を起こしていくかを明確にしましょう」となったところで、そのクライアントから中断が入りました。

「家族とご飯を食べる時間だから、それについては次回話しましょう」

と言われたのです。

私とのセッションは1ヵ月に一度だったので、次回は来月です。

しかも「どういう行動を起こすか」ということを明確にしていないのに、この1ヵ月どのように過ごすのでしょう。

口では「いまは業績をアップさせたい」といっても、時間は「家族との夕食」に使っているのです。つまり、そちらが本当の優先順位であり、人生は優先順位の反映なのです。

≫優先順位は時間の使い方に表れる

マネジメントの父、ピーター・ドラッカー氏も『経営者の条件』(ダイヤモンド社)のなかで、

「成果をあげる者は仕事からスタートしない。時間からスタートする。計画からもス

タートしない。時間が何に取られているかを明らかにすることからスタートする」

「時間の記録を取り、その結果を毎月見ていかなければならない。最低でも年2回ほど、3〜4週間、記録を取る必要がある」

と言っています。

「こういうふうに時間を使っているつもり」という「イメージの時間の使い方」と、「実際はこんなふうに時間を使っていた」という「実際の時間の使い方」がズレていることに、失敗の原因があるのです。

何をしていたか記録してみてください。3日も記録すると、どんなことに時間を使っているかがわかってきます。

記録し始めると、気づいたら時間が経っていて、何に時間を使ったのかわからないことも多くあるはずです。

それは「時間」というものへの意識が薄いということです。

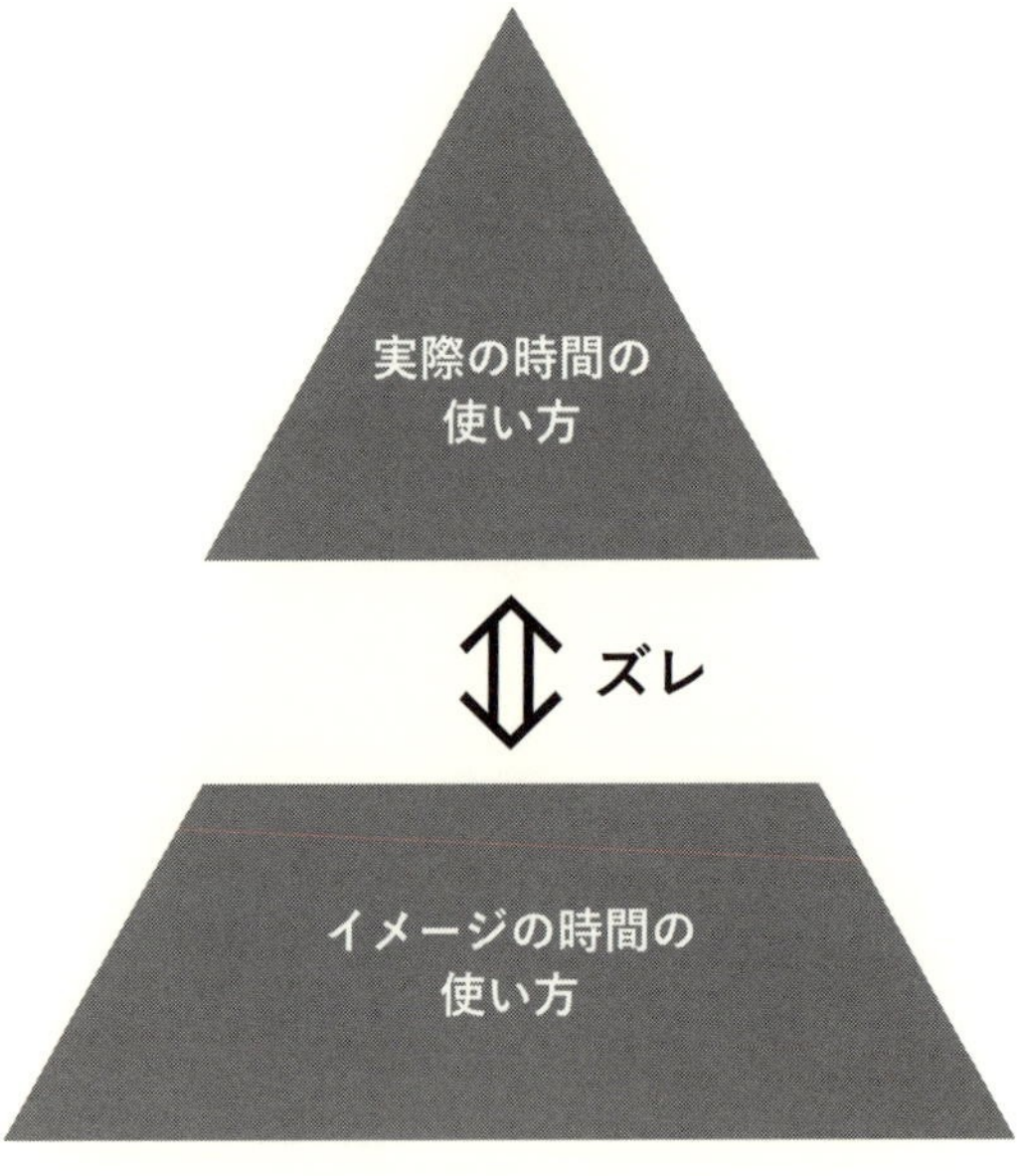

≫優先順位は時間の使い方に表れる

Know oneself

優先順位が浮かび上がると、行動が変わる

「売上アップが大事」と思っても、実際は関係のないことに取り組んでいたら、成果は上がりません。

目指しているものに対して、ふさわしい時間の使い方が大切です。

時間を記録すると、改善されていきます。

たとえば、毎日帰りの電車で何をしたか記録するとしましょう。

あなたは何をするでしょうか？　想像してみてください。

≫自分を客観的に見る

「自分を客観的に見ると、行動が変わる」

とよく言います。

アメリカの心理学者が、ハロウィンの日にお菓子をあげるために、やって来た子どもたちを、お菓子が山盛りに置いてある別室へ案内しました。

そこで子どもたちに、

「1個だけ取っていいからね。私は仕事があって違うところに行くから、お菓子を1個だけ取って帰るんだよ」

と言い残してその場を離れます。

子どもたちは、そのまま放置されます。すると、目の前にとても魅力的なお菓子があるから、2つ以上お菓子を持って帰る子どもたちが多くいました。

一方、別の子どもたちの部屋には、少し細工をしました。

部屋に鏡を置いたのです。

つまり、お菓子を取ろうとする自分の行動が鏡に映っているなかで、どう行動するのかを調査したのです。

すると、言われた通り、1個のお菓子だけ取って帰る子どもたちが多かったのです。

ここから言えることは、**「誰も見てないから」と思うと、どうしても簡単なほうに流されてしまいやすくなるということです。**

しかし、誰かに見られていなくても、鏡を置いて自分を客観視するだけで、行動を変える力が上がるのです。

自分の行動を記録する、ということはこの「鏡」の役目を果たします。そのため、自然と自分の行動が変わりやすくなるのです。

自分を客観視するための2つの質問

Know oneself

この「自分を客観視する意識」は、「メタ認知」と呼ばれています。メタとは「一段階上の」という意味です。

少しわかりにくいかもしれませんが、「一段上から自分を見ているという意識」です。「いま自分はこのように時間を使っている」というメタ認知が、自分の行動をスムーズに変えていきます。

優先順位が正しいかどうかわからなくなったら、自分自身に次の2つの質問をしてみてください。

（1）いま、これを最優先にしている自分は誇らしいだろうか？
（2）これはいま、もっとも優先させることだろうか？

人間は、気を抜くと、楽なほうへと進んでしまいます。「メタ認知」のスイッチはオフ。自分が何をしているか、冷静に見えていません。こうなると、だらしなかったことに後悔してしまいます。

≫質問が重要な理由

誇らしいと感じる時間が長ければ長いほど、目標は達成しやすくなります。自分のことを好きと感じる時間が長いほど、充実感は高まります。

「やろうと決めたことを、やっている」と認識すると「誇り」が生まれます。「誇り」を感じているほど、未来はよくなっていくのです。

実際、目標を達成できなかったセールスマンが、この質問をしたことで1ヵ月で行動が変わり、楽に結果を出すことができたと報告してくれました。

また、常に時間がないと言っていた人が、「どうでもいいことを優先させていたから時間がなかったんだ」と気づいて、いまでは、それまでの3倍活動的になっているという例もあります。

「誇り」というのはピンと来ない人もいるかもしれませんので、よりワクワクしたい人は、

「この自分が好きか」

という質問がおすすめです。

「自分が好き」という時間が増えていくほど、人生の楽しさも増えていきます。我慢をしてがんばっても、疲れるだけです。我慢するのではなく、自分に質問をする習慣をつけましょう。

ぜひ「自分が誇らしい。好きだ」という工夫をしてみてください。

自分の役割を認識する

Know oneself

優先順位をつくっていくうえで効果的なもう1つの方法が、「アイデンティティー」を設定するというものです。

アイデンティティーとは、自己同一性という、自分のことをどう捉えているか、つまり「自分はこんな人間だ」という「自分でつくった設定」です。

これが人生に大きな影響を与えています。

アイデンティティーを考えておくと、ぶれない自分が確立します。

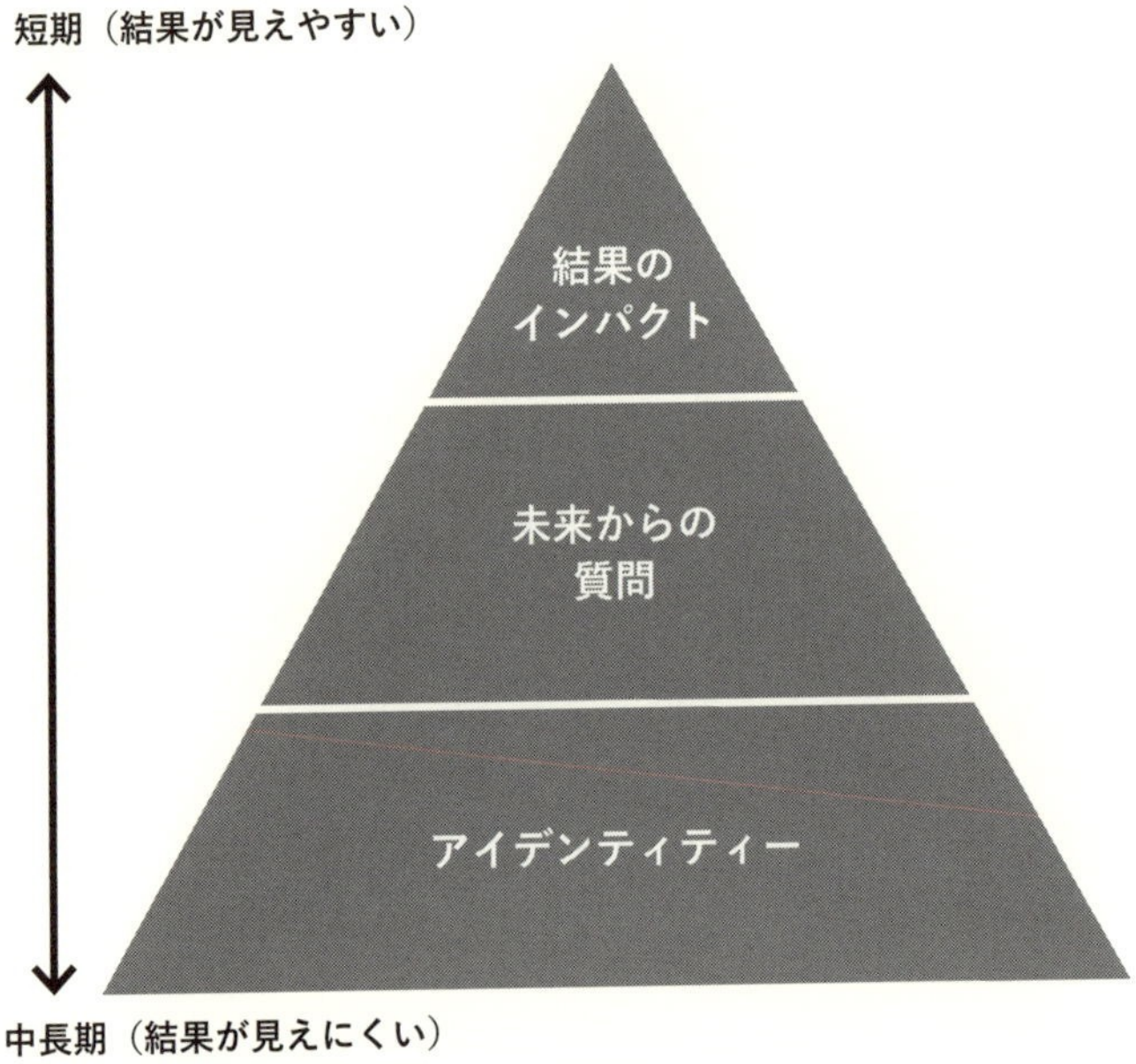

≫アイデンティティーは人生の土台

鳶職《とびしょく》の仕事着をつくっている、ある女性経営者がいます。「職人さんを子どもたちが憧れる職業にする」というビジョンのもと、お店を「職人さんのプライド創造店舗」と定義しています。

すると、ミーティングやイベントや内装など、何を議論するにしても、中心軸が「これは職人さんのプライドを創造することにつながるか？」になります。

またその経営者自身は、自分のことを「私は情報発信係だから」という役割で捉えています。そのため、どこに行くにしても「自分を見て、鳶職の方のイメージがつくられるのだ」という意識で動いています。

仕事や取り組みも、優先順位は、「情報発信」に関するものが高くなっていきます。「ビジョンと役割」にこのような一貫性があると、さらにぶれないものになります。

優先順位に大きな影響を与えるのが、アイデンティティーなのです。「私は情報発信係だから」が個人のアイデンティティーですし、「職人さんのプライド創造店舗」が店舗のアイデンティティーです。

人は皆、１つ以上のアイデンティティーを持っています。

「私は上司だ」と思っているときは、自分の「上司像」の振る舞いが優先的におこなわれます。帰宅して「私は父親だ」と思っているときは、自分の「父親像」の振る舞いが優先的におこなわれます。

同じ人でも、「アイデンティティーが変わると、優先的におこなわれる振る舞いが変わる」のです。

しかも、無理に行動を変えるのではなく、自然と変わっていくのです。

≫あなたのアイデンティティーは何か？

アイデンティティーは障害・壁になることもあります。

「私なんてたいした人間じゃないから」と思っていると、チャンスに臆病になったり、意見をハッキリ言えなくなったりします。「わたしは行動が遅いから」と思っていると、どんどん遅くなるほうへモチベーションが向かってしまうのです。

では、あなたは自分のことを、どんな人間だと思っているでしょうか？

あなたの役割は何でしょうか？

「自分の役割を何だと定義するか」という問題に、多くの人が戸惑《とまど》います。

企業のなかでは、「営業部」「人事部」「経理部」のように、所属部署が自分を定義してくれ、扱っている仕事が自分を定義してくれます。

個人で起業したり、事業をおこなおうとすると、自分が「どんな価値を与えられるのか」というところを定義しなければなりません。

先ほどの鳶服のお店を例にあげると、ただの「鳶服のお店」なら、一気に同業他社に埋もれてしまうわけです。価格競争に巻き込まれ苦しくなってしまうでしょう。

ですが彼女は、鳶服をつくって着てもらうことで、職人たちに〝日本を支えているという誇り〟を思い出してもらいたいと思っています。

だからお店には常に、鳶職の人たちが東京タワーや瀬戸大橋をつくったときのドキュメンタリー映像が流れています。


何をするか、が問題ではないのです。

自分の役割をわかっているのか？　これが問題なのです。

部活動でも、先輩がいるときは大人しかった人が、先輩が引退して、自分が上級生になり、キャプテンになると急にリーダーシップを発揮したりします。

彼はキャプテンに任命されたときに、急にリーダーシップが引き出されたのでしょうか？

いいえ、違うのです。もともと持っていた周囲を率いる能力が、「私はキャプテンだ」とアイデンティティーが変わった瞬間に、行動として優先的におこなわれるようになったのです。

あなたも自分でアイデンティティーを設定して、自分の能力をどんどん引き出しましょう。

Know

oneself

起業をするか？ いまのまま会社員でいるか？

「このまま会社にいれば安定している。でも、一度勝負してみたい」

「独立すれば、安定を失う。心配だし怖い」

という間で揺れていた人がいました。

そこで、私は2つのアプローチを一緒に考えました。

●アプローチ①　後悔するなら、どんな後悔をするか？

人は決断ができず、迷います。

悩む場面のときは、「どう生きたいのか」「どんな人生にしたいのか」という根っこの部分を見直すタイミングです。普通に過ごしていれば、普段は生き方が問題になることはありません。

揺れているとき、「どっちに行ったらいいのか」を考えていても決まらない。そのときこそ、「自分はどう生きたいのか」を決めるときなのです。

「このまま10年経ったら、どんな後悔をするか？」

を考えましょう。この問いは非常にパワフルです。

「失ってしまったチャンス」「見逃したチャンス」に気づくチャンスです。

10年経ち、「あれをしておけばよかった！」と思うなら、いまそれをやる時間もエネルギーも能力もある、ということなのです。

私は22歳の大学3年生の夏休みのとき、その問いを自分に投げかけました。

「このまま10年経ったら、何を後悔するだろうか？」と。

答えに、「教育事業で、失敗の経験を積まなかったこと」ということが出てきました。

ハッとしました。

「成功できないかも。でも挑戦はできる。失敗をして足りないものはあとで埋めればいい」と気づいたのです。「失敗しよう！」を合言葉に、答えを1つずつ出していきました。このまま10年経ったら、あなたは何を後悔しますか？

●アプローチ② 「会社にいて得られる感情」と「離れて得られる感情」のどちらを優先順位として高くするか

「いまの会社にいること」と「独立すること」に、どちらが正解というのはありません。悩んでいるのは「選択肢」ではないのです。「満たす価値」がハッキリしていないのです。

「会社にいたら、満たされる価値は何？」→「安定・安心」

「退職・独立したら、満たされる価値は何？」→「挑戦・ワクワク」

フォーカスすべきは、「会社か独立か」ではなく、「安定・安心と挑戦・ワクワクのどちらを優先させていくか？」なのです。

会社にいても安定しない世のなか。誰かに人生を預けるのではなく、自らの手で望むものを手に入れなければなりません。

「人がもっとも求めているのは幸せだ」

と、哲学者アリストテレスは言います。

「何を大切にすると、幸せになるのか？」というのは人それぞれですが、「コレを大切にする！」と決めることは、誰にもできることなのです。

答えはイエスと言ったあとで考えろ

私たちは方法論に頼りすぎています。こうすればうまくいくとか、こうすれば失敗するとか、やり方によって人生が左右されてしまうと思い込みすぎてしまうのです。

「何が正解か」を気にしてはいけません。求めている未来があって、つながるなら続けるし、つながらないなら変えるだけなのです。正解か不正解かではなく、「自分の選んだものを正解にさせてやる」という決意が大事です。そうすれば、道が開けます。

「コレを大切にして生きる」という決意。満たしたい価値を明らかにしましょう。

「独り時間」を充実させる

Know oneself

あなたは、独りの時間を取っていますか？

心を静めて、自分と対話する時間を取っていますか？

「いま何をしたいの？」

「これからどうしたいの？」

「いま何が嫌なの？」

「どんなことが気になっているの？」

お気に入りの場所で、お気に入りの文房具で、浮かぶものを書いてみましょう。

思い浮かんだものを書いてみる。そしてそれを眺めてみましょう。

最初は、同じようなことばかりかもしれません。確認でしかないかもしれません。

それでも週に一度はスマホなどで中断せずに、自分との対話に集中しましょう。

≫「いい・悪い」で考えない

アスリートは、練習で身体と対話しながら、練習メニューを決めたり、動きを決めていきます。料理人だったら味見をしながら、調味料や火加減を決めていきます。

同じように、私たちも自分と対話ができれば、いろいろなことができるようになるのです。独り時間に大切なのは、**「解釈をいったん横に置いておく」**ことです。

私たちは日頃から、「いい／悪い／正しい／間違い」の世界のなかで生きてしまいます。振り返りは「落ち込むため」の時間ではありません。

むしろ、自分を大切に、慈《いつく》しむ時間です。ジャッジしないこと、評価・裁判しないことです。

Know
oneself

あなたの無意識を顕在化させる5つのポイント

ここで、あなたの無意識のなかにある、改善したいことをチェックする5つのポイントをご紹介します。

【ポイント1】改善したいテーマを書く

「最近、自分が改善しようと思っているテーマ」を考えてみましょう。
あなたはいま、何を改善したいですか？　体重を減らしたい、収入を増やしたい、人間関係をよくしたい、など、特定のテーマを思い浮かべてみるといいでしょう。

これがスタートラインです。気づいたことをなんでも書いてみましょう。

【ポイント2】そのテーマで、取り組んでいることは？　どんな工夫をしている？

これをチェックすると、よくしたいばかりで何もしていない、工夫もせずに過去のやり方を続けていた、などに気づくかもしれません。

出会いが欲しいのに、家でじっと待っていても、王子様がチャイムをならしてくれるわけではありません。収入を増やしたいのに、貯金ばかりしていても、自分を高める投資をしなければ入ってくる金額は変わりません。まずは、最近取り組んでいることを考えてみましょう。

【ポイント3】色分けしていく

うまくいっていることを赤。そして、うまくいっていないことを青。この2色に色分けしてみましょう。

ここまでの3つのポイントで注意すべきことがあります。

「自信がない人は、うまくいっていないことばかり出してしまう」ということです。

人生がうまくいっていないからではなく、ダメなところばかりに目を向けてしまうから、これでは落ち込んでしまうだけです。

あえてたくさん、「よくできているところ」を書き出してみましょう。

たとえば「ダイエット」なら、「とにかく痩せようと思えた私はえらい」と。

そんな小さなことでいいの？　と思うかもしれませんが、それでいいのです。

世のなかで、どれだけ多くの人が夢や想いばかり持って、決意すらできないでいるでしょうか。多くの人は決めることすらできないのですから、ただ決めただけであなたはすごいのです。ましてや、一度ジョギングしたなんていったら、それはもう自信満々になっていいくらいです。一度できるということは、100回でもできるということですから、あとはもう時間の問題です。

続かなかった自分を責める人がいます。続くというのは、「過去から現在」という思考です。何度も言いますが、大事なのは「いまと未来」です。

いま何を決意するか、が大事なのです。自信がない人は、「できた量」を必ず「できていない量」より多く書くようにしましょう。

【ポイント4】なりたい未来に集中する

「やらなきゃ」と思うほど、行動しづらくなります。

まずは1週間でどうなりたいのか？　を考えてみます。何をするかではないのです。どうなりたいか、こちらが大事なのです。

思いだけで行動が変わらないのは、〝大きな変化〟を求めすぎているからです。大きな変化を求めていると、思いばかり焦って、行動ができないのです。むしろ、小さな変化を積み重ねていくことで、大きな変化をつくるほうがいいのです。

「雪だるま式成功術」です。雪だるまを転がすときも、小さな核をつくって、それをころころ転がせば、どんどん大きくなります。スタートは小さくていいのです。

いきなり大きな変化をつくろうと思うと、それだけエネルギーが必要になるのですが、小さな変化を中心にして積み重ねていけば、どんどん大きな変化がつくり出せるのです。

本当に価値のあるものは、「長い期間をかけて、身につける価値のあるもの」です。たとえば、デザインのスキルなど、〝下手なものをどれだけ早くできるか〟が大事なのです。なぜならば、やってみることで学ぶしかないからです。始めるときは、次のことを押さえておいてください。

「身につける価値があるものは、下手にやる価値がある」

世のなかは、「やってみる」が圧倒的に少ないのです。やらない多数派に対して、やる少数派。自信を持つことはあっても、落ち込む必要はまったくないのです。

どのようになりたいのかを考えてみましょう。「週に3回はジョギングしてスッキリしていたい」。そんな感覚が大事なのです。

【ポイント5】打ち手と確信

これまでと同じことをくり返していたら、同じ結果になってしまいます。

「何を具体的に変えるのか」を書いてみましょう。これをやったら、よくなるという確信があるものを見つけましょう。

一番やってはいけないのは、「これじゃ変わらないんだろうな」と思いながらやることです。これは悪い自己達成予言になります。しかもなぜかこれはよく当たります。

「こうやったら変わる！」と確信があると、小さな変化だとしても人生が変わります。

たとえば、「いつもは人から話しかけられるのを待っていたけど、自分から話すようにする」などです。

もし、やることに確信がなかったら、ポイント1に戻って、もっと絞り込んだテーマに変えましょう。

「ダイエットで体重を減らす」よりも「食生活を改善する」へ。

「収入をアップする」よりも「仕事後の時間の使い方を変える」へ。

テーマが小さく具体的になるほど、確信は高まります。

「こうやったらよくなるかも！」という感覚をつかんでください。

終章 ≫ Dicision

「いつか」は永遠に訪れない

I never come “sometime”.

Dicision

新しい行動は先延ばしやすい

私たちは、よい未来をつくることができます。

いま実際に手に入れている人生と、本来持っている力を発揮すれば手に入る人生。

この2つのギャップをつくっているのは、私たちの「選択」です。

これからの選択が、私たちの未来をつくりあげるのです。

いまからあなたが何をするのか？　そのいまのあなたの行動が、未来への分かれ道なのです。「やった結果の未来」と「やらなかった結果の未来」に分かれるのです。

人は〝やらないといまの生活が保てないような緊急性の高いこと〟はおこないます。

新しいアクションは、やるのが大変なわりに、やっても結果が変わりにくい。すると失敗だ、無理だと諦めてしまいやすくなります。

1つくらいの新しい行動では、意味がないように思えてしまうものです。

たとえば、

・文章を書く、いい人間関係をつくる、絵を描く……。
・事業のための人脈を増やす、新規事業をスタートさせる……。
・ダイエットや美容……。
・引き締まった腹筋をつくるための運動……。
・部屋の片づけや整理整頓……。

これらは、「長い間積み重ねるからこそ、確実にプラスになるもの」です。

いまよりもよくなっていくための選択というのは、先延ばしされやすいのです。

緊急なものは、取り組むべき理由が強いのに対して、やらなくても困らないものは、それに取り組む理由が弱いからです。

だから、取り組む理由を持っていないのであれば、取り組む理由をつくることが欠かせません。

人を突き動かすもの

「ゴールを設定しろ」とよく言われますが、「ゴール」は、緊急性が低いものへの「取り組む理由」をつくり出すパワーがあります。

しかし、ゴールは、ただ設定すればいいものではありません。

「別に叶わなくったっていいさ」というものは、ゴールとは呼べません。

ゴールとは、それを実現することで、〝確実に人生に違いを生み出すと確信しているもの〟です。

この、「確実に人生に違いを生み出す」という部分が大切です。

だから、「年収1000万円になる」というゴールならば、「年収1000万円の取り方」という方法論よりも、「年収1000万円になると、いまの人生とはどう違うのか」ということが、具体的にどれだけ明らかになっているのかが重要なのです。

ゴールを達成したときに生まれる「違い」。それが人を突き動かすのです。

宝くじが当たる確率はとても低いですが、「当たったら人生が確実に違うものになる」という確信があるから、長時間、宝くじ売り場に人は並びます。

その「違い」を心理学では、「魅力」といいます。

だから、ゴールに対して「魅力」を感じていることが、そのゴールへ向かうモチベーションを大きく左右します。

もし何かを達成することが先延ばしされやすいと思ったり、何かに取り組むことにモチベーションが低いと思ったりしたら、フォーカスすべきは「やり方」よりも「魅力」です。

このゴールを実現したら、自分の毎日にどんな違いが生まれるか？　ということをぜひ書き出してみてください。

新しい未来への可能性は常に開かれているのです。

Dicision

バランスを「崩しながらとる」

「バランスをとる」ということの意味を勘違いすると、苦しくなります。

たとえば、仕事とプライベートのバランスをとろうとして、両方に同じだけ力をいれたとしましょう。ほとんどの場合、中途半端になります。

人生のバランスをとるとは、四季を思い浮かべるとわかります。地球は、春・夏・秋・冬でバランスをとっています。

つまりバランスとは、トータルでとるものです。

そして、**バランスとは、偏《かたよ》りです。**

多くの人は、バランスは均等であることを思い浮かべます。シーソーの真ん中に立って、均等にバランスをとることだと思ってしまいます。でも、それはもはやシーソーではなくなってしまっています。シーソーは、おもりを偏らせることで、遊ぶものです。

仕事もプライベートもがんばりたい、その心意気は素晴らしいことです。だからこそ偏りをつくることを大切にしてもらいたいと強く思います。

人が歩くのも、前へバランスを崩すから、一歩踏み出すことができるのです。

速く走ることのできるアスリートの、スタートする姿勢を見てもらえばわかるでしょう。偏りです。あの偏りが瞬発力を生み出すのです。動いているとは、偏っているということです。

あえて偏ってみる

あなたの人生を動かそうとしたら、バランスを崩すことです。

安定が欲しい。挑戦もしたい。

それが人の心でしょう。私もそうです。

では、「安定」と「挑戦」を、同じく均等に大切にしたらどうなるでしょう。

安定しようとするものには挑戦がないから遠ざけ、挑戦しようとするものには安定がないから回避して、結局いつもと同じことをやってしまうことになるのです。

安定も挑戦もどちらも手に入らず、どちらも中途半端なのです。

もっとできるはずなのに、という悶々とした気持ちを持っている人は多くいます。

まだ全力は出し切れていない、というモヤモヤした気持ちを持っている人たちも多いです。

中途半端になってしまっているとき、欠けているのはバランスを崩すことなのです。

安定か挑戦か、どちらかをハッキリさせなければいけないのです。

でも、どっちも大切にしたいと思いますよね？

だから、忘れて欲しくないのは、「結果的に、人生全体でバランスがとれればいい」ということです。

最終的に、春・夏・秋・冬。トータルでバランスがとれればいいのです。夏は暑い、冬は寒い。四季はそれぞれ、どこかに偏っているから素晴らしいのですから。

たとえば、16歳の青年が「老後のために」といって貯金をしていたら、ズレていると感じますよね？

退職をして起業して、一家を養う責任を背負った人が、「家族の時間をメインに」と思っていたとしたら、やはりこれもズレています。

楽をすることよりも、意味のあることをする。

居心地よく衰退するよりも、意義のある一歩を踏み出す。

いまそのときに取り組むのは、〝もっとも恩恵があるものに偏る〟ことなのです。

思い切って重心を動かしてみてください。

人生が勢いよく動き出すでしょう。

Dicision

1秒ずつ、私たちは死に向かっている

「いつか」は永遠に訪れません。

携帯電話を操作している間も、あなたの貴重な時間はなくなっています。目が覚めて、ご飯を食べて、働いて、友達と会って、眠りにつく。日常を繰り返していくだけで、齢《よわい》を重ねてしまいます。

「いつかこんなことやりたいな」

「もっと時間があったら、あんなことやりたいな」

こう思うことが、あなたにはないでしょうか？

残念ながら、それがあなたの人生に訪れる確率は、ほぼ0%です。

アメリカのジョークで、

「いつか（Someday）は1週間のなかにはない」

というものがあります。

「月曜日（Monday）、火曜日（Tuesday）水曜日（Wednesday）木曜日（Thursday）金曜日（Friday）土曜日（Saturday）日曜日（Sunday）。ほら、いつか（Someday）はないでしょ」

と言われたことがあります。

「いつか」を待ちながら日々を過ごすことに、意味はありません。

人には「決定をする」という能力が与えられています。進む道を、決めることができるのです。

待っていることも選択。自らが近づくことも選択なのです。

いまどこにいても、どんな環境でも、理不尽なことがあっても、たとえそれらを変えることができなかったとしても、それに対してどういう姿勢をとるかは選択することができるのです。

1日は、どうあがいても24時間です。

「もっと時間があったら」ということはないのです。

私たちができるのは、「24時間の時間配分を変えること」なのです。

常に「24時間でやったことリスト」と「24時間でやれなかったことリスト」が存在します。

不満があるということは、優先順位を間違えていることの証

やったことは原因となり、やがて、未来に結果として現れます。

やらなかったことも同じく原因となり、やがて未来にその影響が出ます。

「行動を起こす」

そう考えると難しいかもしれません。

フランスに絵描きの修業に行ったことのある人は、

「フランスで学んだもっとも重要なことは、とにかく毎日キャンバスの前に座る、ということだ」

と言いました。

また、あるアメリカの作家は、

「プロの作家が知っていて、作家予備軍が知らないことがある。それは、もっとも大事なのは書き上げることではなく、毎日机の前に座ることだ」

と言いました。

本当に大事なのは、毎日スタートラインに立つということなのです。

漠然とした不安や不満があるとき、突破するには、ささいなことをおこなうことなのです。

Dicision

成功するための究極のマインド

苦労して結果が出ると、どうしてもそのパターンを守りたくなったり、「こうすることが正解だ」と思いたくなりますが、そこはぐっと我慢しましょう。

上品で成功する人もいれば、傲慢《ごうまん》で成功する人もいるのです。

丁寧で成功する人もいれば、荒っぽくて成功する人もいるのです。

だから、「正しいやり方」というものは存在しないのです。

もっとも危険なのは、

「成功するやり方は、かくあらねばならない」

「とにかくこれを優先させなければならない」と考えを固めてしまうことです。

≫私たちにある2つのマインドセット

スタンフォード大学の心理学者キャロル・S・ドゥエック氏は、著書『「やればできる！」の研究』（草思社）のなかで、さまざまな人たちを研究して、人には2つのマインドセットがあると発見しました。

1つは「硬直マインド（Fixed-Mindset）」

もう1つは「しなやかマインド（Growth-Mindset）」

硬直マインドとは、その名の通り、「自分は変われない」と思ってしまうことで、考え方や行動が硬直してしまうタイプの人です。

しなやかマインドとは、英語では「成長（Growth）」という言葉が入っているように、「自分は変われる」と思っていて、しかも「成長するにはそれにふさわしい時間がかかる」と思っているタイプの人です。

硬直マインドの人ほど、正解にこだわり、自分が周囲からどう見られているかを気にする、ということがわかりました。

しなやかマインドの人ほど、自分が何に取り組み、そこから何を学習するのかに集中する、ということがわかりました。


成功している人は、しなやかマインドの人だと、キャロル氏は言います。

どれだけうまくいっても、そこで「これが正しいのだ」と考えを固めてしまうのは危険だということです。

そのために、1つひとつの選択から学び、成長していけばいいのです。

そして、いまうまくいっていても、うまくいっていなくても、適切に変え続ける必要がある、ということです。

自分を変えることを厭《いと》わないこと。それが人生を変える鍵なのです。

最後の最後に、どう思ったのか？

それでも目の前の行動に悩んでしまう人は、〝人生の最後に、どう思ったかが勝負だ〟と思ってはいかがでしょうか？

どれだけ失敗をしても、最後の最後に悔《く》いのない人生を手に入れることです。

人生は、常に「選択の原理」が働きます。

「すべてを同時におこなうことができない」ということは、「何かをやらない」ということが常に伴うのです。

後悔というマインドは、

「あのとき、あれをしておけばよかった」

「あのとき、あれをしなければよかった」

というように、**「選択しなかったことのほうが、価値があったのではないか？」**と思う心です。

選択しなかったほうを選んだらどうだったのか？　それは永遠にわかりません。

「あのときに戻ってやり直したい」

そう思う気持ちは、人間にはずっと昔から伴っているのでしょう。

小説や物語のなかでも、昔に戻ってやり直すというテーマは繰り返し出てきます。

それだけ人は後悔する生き物なのかもしれません。人は選ばなかったものの価値を過大評価してしまうのかもしれません。

≫すべてはプロセスである

何の選択をしたことが正解なのかは、正直誰にもわかりません。

今日は常に「途中経過」でしかないのです。

周囲の人は、その途中経過を見て、さまざまな評価をしてくるでしょう。それでいいのです。だって、私たちも、ほかの人たちの途中経過についていいとか悪いとか、あそこをこうしたらいいと言うのですから。

野球の試合でいえば、観客席からバッターにアドバイスをしたり、ケチをつけたりすることはできるのです。ベンチから「オレだったら打てたのに」と言うことはできるのです。

しかし、人生は全員が常に、自分の打席に入っています。

あなたが隣の打席に立っている人にケチをつけている間に、じわじわとあなたは追い込まれているかもしれないのです。

だから、あなたはあなたの打席に集中しましょう。

周囲の声は、あくまでも周囲の声にすぎないのです。あなたの打席の責任は、あなたが取るしかないのですから。

「選択をしない」ということはできません。

あなたがバットを振らなくても、ストライクカウントは増えていくからです。

私はかつて野球少年でした。

少年野球の試合のときは〝見逃し三振〟ばかりしていました。「振って打てなかったらどうしよう」と思って、バットが振れなかったのです。

しかし、中学・高校と進んでいくなかで、当たり前のことを元プロ野球選手の指導者に教えてもらいました。

「10回本気で打とうと思って、3回打てたら凄いスポーツの世界に、お前はいるんだ」ということです。

平凡な私は、一度もミスをしないように苦しんで、結果的に見逃し三振ばかりしていました。

それを人生のなかでもしているように思いました。

見逃し三振ばかりしていた頃は、人生でも臆病で小心者で、自分から何かを主張するということはありませんでした。

見逃し三振も1アウトですが、振って凡打でも1アウトです。

いくつもの失敗から、次のヒットを打てるように学んでいくのは、人生も同じだと思うのです。

過去から学び、自分の未来をつくりあげていくことが、おもしろい人生を歩んで行くうえでの「秘訣」のように思えるのです。

人生のなかで、選ぶことができるのは「いまここから」だけです。

あなたはいまここから何を選択していきますか?

その選択の先に、最高の未来が待っています。

おわりに――

真剣に向き合い、偏り続け、そして最高の未来をつくる

本書で再三伝えてきた「優先順位をつける」ということは、私自身がもっとも苦手なことでした。

さまざまな人に、「お前はもっと優先順位をつけて仕事をしろ」と言われてきました。焦って勉強しても、「大事なものから優先させる」と書いてあるくらいで、どうやって優先順位をつけたらいいかわからなかったのです。

過去を振り返れば、何が失敗して、何が成功したのかがわかります。

でも未来は、何がよい結果につながって、何が悪い結果につながるのか、不透明な

ものがほとんどです。

どうやったら大事なものがわかるのか？

そこと真剣に向き合うようになったとき、明らかに何かが変わりました。

周りと同じことをやっていたら、埋もれてしまうだけ。

頭ひとつ突き抜けるには、周囲が大事にしていないものを優先させていくことが鍵でした。

周りがやっていればやらないようにする。

もっと優先させるものがないかを考えて取り組む。

最初は失敗ばかりでした。

「みんながやっているからやらない」というのは、ただの見栄っ張りなだけで終わることが多かったのです。でもだんだんと物事が見えるようになってきました。

常識的に考えて、優先させるものがわかっている場面では差がつかない。

常識では優先順位がつけられない場面に突き抜ける可能性がある。

なんでもかんでも均等に手をつけていたら、何も上達しません。
あえて「偏らせる」ことで、勝負に出るわけです。

優先順位は、時間やエネルギーやお金や関心を「偏らせるスキル」です。
均等に等しくすべてに配分するのであれば、無難なだけで何も成し遂げられません。
凡人だと自認している私は、あえて偏らせることをし続けています。

この本は、「妥協した生き方はしたくない」という人に向けて書かれています。
もっと自分らしく、もっと自由に、もっと可能性を実現させていきたいと熱く思っている人のために書いています。

何が成し遂げられるのか、どれだけのものを手に入れられるのか。
それはわかりませんし、最後の最後に失ってしまうなら意味がないかもしれません。
だから人生で絶対に失われることがないものを高めていきたいと思うのです。
それが「自分がどう生きたのか」という生きた道です。

私は墓標《ぼひょう》に「無難に生きた人　池田貴将」という言葉を載せたくありません。最初から完璧な人間を目指すことや、立派な人間に見られることは諦めています。

「バカだったけど、何かに夢中になって生き抜いた人　池田貴将」

そう刻まれるために、今日もあえて偏らせて生きていきたいと思っています。


あなたは自分の墓標に何を刻まれたいですか？

少しでもこの本が、あなたの生き方の一助になっていたら幸いです。

いつかお会いする日まで、熱く偏って生きていきましょう。

池田貴将

著者プロフィール

池田貴将（いけだ・たかまさ）

リーダーシップ・行動心理学の研究者。早稲田大学在学中よりベンチャービジネスの新規事業立ち上げなどに関わり、ビジネスをする上での心理学の重要性を感じ、世界的に有名なアンソニー・ロビンズのトレーニングを受けるために渡米。卒業後、株式会社オープンプラットフォームを設立し、起業家・経営者・ビジネスリーダー向けのスクールを主宰。「感情と行動をつくる心理学」に注目した新しいメソッドは全国の実践者の注目を浴び、書籍や雑誌などに取り上げられ、受講者の数はのべ4万人にのぼり、ビジネス作家やコンサルタントなどの「専門家」も多く参加するセミナーとして広く知られている。

著書に『未来記憶』（サンマーク出版）、『動きたくて眠れなくなる』『覚悟の磨き方』（サンクチュアリ出版）、『人間力の磨き方』（きずな出版）などがある。

この選択が未来をつくる
一最速で最高の結果が出る「優先順位」の見つけ方

2016年8月1日　第1刷発行

著　者　　池田貴将

発行人　　櫻井秀勲
発行所　　きずな出版
東京都新宿区白銀町1-13　〒162-0816
電話03-3260-0391　振替00160-2-633551
http://www.kizuna-pub.jp/

印刷・製本　モリモト印刷

©2016 Takamasa Ikeda, Printed in Japan
ISBN978-4-907072-68-1

きずな出版

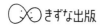

好評既刊

人間力の磨き方

池田貴将

『覚悟の磨き方』他、著作累計35万部超のベストセラー作家・池田貴将が、全身全霊で書き上げた、現状を変えるための自己啓発書。

本体価格 1500 円

成功へのアクセスコード

壁を越えて人生を開く

山﨑拓巳

お金、健康、友達、能力、年齢、焦り……。人生において、誰もがぶつかる様々な「壁」を解除していく「アクセスコード」を手に入れることができる一冊。

本体価格 1400 円

ジョン・C・マクスウェル式

感情で人を動かす

世界一のメンターから学んだこと

豊福公平

アメリカで「リーダーのリーダー」「世界一のメンター」と讃えられる、ジョン・C・マクスウェルから、直接学びを受ける著者による、日本人向け超実践的リーダーシップ論！

本体価格 1400 円

―一生お金に困らない人生をつくる―

信頼残高の増やし方

菅井敏之

信頼残高がどれだけあるかで、人生は大きく変わる―。元メガバンク支店長の著者が、25 年間の銀行員生活の中で実践してきた、「信頼」される方法。

本体価格 1400 円

理系の伝え方

最良の知恵を生み出す

「ロジック＆コミュニケーション」

籠屋邦夫

コミュニケーションには方程式がある。論理的な話し方とロジカルシンキングの両方が一挙に手に入る、まったく新しい「伝え方」の本が誕生！

本体価格 1400 円

※表示価格はすべて税別です

書籍の感想、著者へのメッセージは以下のアドレスにお寄せください

E-mail：39@kizuna-pub.jp

きずな出版

http://www.kizuna-pub.jp